Good job
굿잡

셀프헬프
self·help
시리즈❺

"나다움을 찾아가는 힘"

사람들은 흔히, 지금의 내가 어제의 나와 같은 사람이라고 생각한다. 이것만큼 큰 착각이 또 있을까? 사람은 매 순간 달라진다. 1분이 지나면 1분의 변화가, 1시간이 지나면 1시간의 변화가 쌓이는 게 사람이다. 보고 듣고 냄새 맡고 말하고 만지고 느끼면서 사람의 몸과 마음은 수시로 변한다. 그러니까 오늘의 나는 어제의 나와는 전혀 다른 사람이다. 셀프헬프self·help 시리즈를 통해 매 순간 새로워지는 나 자신을 발견하길 바란다.

직장인 성장공식 일×관계+변화÷휴식
굿잡

초판 1쇄 발행 | 2016년 11월 30일

지은이 | 이관노
일러스트레이터 | 양창규
발행인 | 김태영
발행처 | 도서출판 씽크스마트
주　소 | 서울특별시 마포구 토정로 222(신수동) 한국출판콘텐츠센터 401호
전　화 | 02-323-5609 · 070-8836-8837
팩　스 | 02-337-5608

ISBN 978-89-6529-153-4　13320

- 잘못된 책은 구입한 서점에서 바꿔 드립니다.
- 이 책의 내용, 디자인, 이미지, 사진, 편집구성 등을 전체 또는 일부분이라도 사용할 때에는
  저자와 발행처 양쪽의 서면으로 된 동의서가 필요합니다.
- 도서출판 〈사이다〉는 사람의 가치를 밝히며 서로가 서로의 삶을 세워주는 세상을 만드는 데 기여하고자 출범한,
  인문학 자기계발 브랜드 '사람과 사람을 이어주는 다리'의 줄임말이며, 도서출판 씽크스마트의 임프린트입니다.
- 원고 | kty0651@hanmail.net

이 도서의 국립중앙도서관 출판예정도서목록(CIP)은 서지정보유통지원시스템 홈페이지(http://seoji.nl.go.kr)와
국가자료공동목록시스템(http://www.nl.go.kr/kolisnet)에서 이용하실 수 있습니다.(CIP제어번호: CIP2016024909)

씽크스마트 • 더 큰 세상으로 통하는 길
도서출판 사이다 • 사람과 사람을 이어주는 다리

직장인 성장공식

일
× 관계
+ 변화
÷ 휴식 이관노 지음

Good job

굿잡

프롤로그

나는 더 이상 재능과 적성을
탓하지 않기로 했다

그렇게 못 들어가 안달하던 직장에 출근하기 싫어하고 나오지 못해 안달하는 것은 일이 조금 익숙해지려고 하면 이유 없이 찾아오는 불청객 때문이다. 직장인이라면 누구나 한번쯤 경험하는 성장통인데, 이 아픔이 견딜 수 없는 건 겉으로 드러나지 않는 마음의 상처라는 데 있다. 또 모두가 경험했지만 아무도 그 아픔을 기억하지 못한 채 나를 이해해주지 않아서이기도 하다. 그래서 누군가의 위로가 필요한데 아무도 관심을 갖지 않고 나는 아픈데 다른 사람들은 매너리즘으로 치부해버리니, 이를 벗어나고 싶은 충동이 일어 직장을 나가지 못해 안달한다. 그러나 성장통을 이겨내고 훌쩍 커버린 거울 속의 내 모습이 낯설었듯이 지금 그대에게 찾아온 아픔도 이겨내고 나면 더 이상 어제의 그대가 아님을 알게 될 것이다.

목표를 위해 기울이는 노력이 더 기쁘다

입사해서 몇 년이 지날 때쯤 나에게 성장통이 찾아왔다. 그것은 직장이라는 환경에서 겪는 비슷한 상황에서 오는 심리적인 현상이다. 오랜 시간 학교라는 제도권에서 일방적으로 수용만 하는 학습 방식에 길들어 있다가 직장에 들어오면 내 의지대로 무엇이든 할 수 있을 것 같지만 현실은 그렇지 못하다. 일을 배우는 동안 선배와 상사의 지시에 또다시 일방향으로 수용하는 배움에 길들고 이성과 합리성을 강요받음에 따라 정체성의 혼란을 겪으면서 내 안의 감정과 의지는 무뎌지게 마련이다. 학교를 나와서 스스로 어떤 일을 해낼 수 있다는 자유로움과 경제적 부담에서 벗어난 해방감이 혼란과 두려움으로 바뀌고, 일은 통제하기 어려워지면서 스트레스가 되어 직장이 벗어나고 싶은 곳으로 변하는 것이다.

그땐 마지못해 출근하고 퇴근 후의 시간만 기다렸지만 벗어난다고 나아지는 것은 하나도 없었다. 여행에서 돌아오면 상황은 변하지 않았지만 나는 이미 떠나기 전의 내가 아니듯, 변하지 않는 현실이 누구 탓이 아니라 내 문제란 걸 깨달았다. 그렇게 나는 내 삶의 주인은 '나'임을 알게 되었다. 중요한 것은 성장통을 겪으며 나를 돌아보았다는 점이다.

분명 사람에게 가장 중요한 것은 지식 그 자체가 아니라 지식을 얻고자 하는 마음과 의욕일터, 그런 것이 있는 한 우리는 자신이 자신의 등을 밀어주듯이 앞으로 나아갈 수 있다.

무라카미 하루키의 이 말이 내 경험을 전하는 것 같아서 참 좋다. 나는 어떤 목표에 도달하여 얻는 기쁨보다 그 목표에 도달하기 위해 기울이는 내 노력에 더 큰 기쁨을 느꼈다. 그리고 그런 기쁨을 얻기 위해서는 지속적인 학습이 중요하다는 것을 깨달았다. 주경야독(晝耕夜讀). 모두 알다시피 '낮에는 일하고 밤에는 공부하다'라는 뜻이다. 나는 여러 이유로 공부를 중단하고 취업을 선택했지만 나를 이해하고 나와 더 좋은 관계를 맺으면서, 낮에 일하고 밤에 학교에 다니며 공부를 시작했다. 이후 모든 것이 배움의 대상이 되어 자신의 내면으로 깊이 들어가 더 나은 최선의 나를 만든 결과, 성장통에서 벗어날 수 있었다.

스스로가 일의 기준이 되겠다는 생각

어느 늦은 봄, 그날도 업무를 마치고 햇빛을 등진 채 그림자를 따라잡기라도 하듯 학교 강의실을 향해 가고 있었다. 그런데 어디선가 들려오는 청명한 망치 소리가 바쁘게 걷던 나를 멈추게 했다. 작은 천막 아래 구슬땀을 흘리며 망치질하는 한 미술학도의 움직임에 나는 한 걸음도 움직일 수가 없었다. 기쁨이 가득한 표정과 햇볕에 그을린 어깨의 리듬 있는 움직임, 그리고 망치질의 청명한 울림은 타성에 젖어 있던 나를 일깨우기에 충분했다. 이후 나는 자주 그 미술학도를 관찰했는데, 그는 변함없이 기쁨이 넘쳤다. 제 몸보다 큰 돌에 조각하는 작품은 엉성해보였지만 보고 어루만지고 쓰다듬고 정성을 다하는 학생의 모습은 마치 영혼을 불어넣는 의식 같았다. 순간 나 자신에게 질문했다. 저 학생의 작업과 내가 하는 일이 무엇이 다른가? 나는 한 번이라도 내 일의 주인이 되어 본 적이 있나? 저 학생은 자기 작품에 혼을 담듯이 정성을 다하는데, 나는 왜 내 일에 정성스런 생각 한번 담아보지 못하고 지시에 순종하며 이성과 합리에 복종하고 이미 만들어진 기준과 룰에 수없이 무릎을 꿇었을까? 왜 한 번도 "아니요"라고 말하지 못했는지 후회하고 반성했다. 그 후 나는 일을 정형화된 틀에 가두기를 거부하며 새로운 가치를 만들어내기 시작했다. 그리고 나는 더 이상 무턱대고 욕망만 하거나 재능과 적성을 탓하지 않기로 했다. 대신 일 속에 욕망을 흐르게 하고 나의 재능과 기질을 일 속에 스며들게 하여 일과 함께 성장하기로 한 것이다. 그리고 스스로가 일의 기준이 되겠다는 생각을 통해 내 일의 주인이 될 수 있었다.

주위를 둘러보면 시작은 같지만 시간이 지나면서 성장의 차이가 나는 동료들을 볼 수 있을 것이다. 누군가는 여전히 똑같은 일을 수용하며 반복하고 있지만 다른 누군가는 계속 성장하고 있는 게 보이는가? 나는 그것이 스펙과 경륜의 차이보다 주도성의 차이에서 비롯된다고 생각한다. 다시 말하면 일에 대한 주인의식이 결국 성장의 차이를 만들어 낸다.

'수용하는 삶'에서 '주도하는 삶'으로

우리는 프리드리히 니체가 말한 변신에 주목할 필요가 있다. 니체는 우리에게 낙타에서 사자, 사자에서 마침내 어린아이로의 정신적인 변신을 요구한다.

어린아이는 자기 욕망에 충실하다. 법률이나 제도 기준이 심판할 수 없을 정도로 천진난만하고 긍정적이며 새로운 시작이다. 자신의 욕망에 따라 굴러가는 수레바퀴다. 일이 낙타에게는 짐이고 사자에게는 전투지만 어린아이에게는 창조적 놀이가 된다.

'어린아이와 같은 정신적인 변신'이 필요한 이유가 여기에 있다. 이때 우리의 일도 즐거운 놀이가 되고 창조적인 활동이 되기 때문이다. 창조적인 놀이 속에 만나는 사람은 경쟁자가 아니라 친구가 되고 직장은 이제 더 이상 숨 막히는 곳이 아니라 놀이터가 된다. 놀이터로 가는 길에 어찌 설렘이 없겠는가. 결국 일을 대하는 생각과 자세의 변화가 직장에서 일, 관계, 성장을 주도적으로 이끌어갈 수 있다.

내가 한 미술학도의 빛나는 일상을 통해 '수용하는 삶'에서 '주도하는 삶'으로의 전환을 만들었듯이 내 작은 이야기들이 후배들 일상에 작은 울림이 되고 아름다운 이야기의 시작이 되기를 희망하며 글을 쓰기로 했다. 그리고 그들의 이야기가 다시 누군가의 희망이 된다면 직장은 이미 충분히 행복하고 출근길은 다시 설렘을 찾게 될 것이다.

이 글은 직장생활 30년의 경험에서 얻은 지혜, 그리고 빠르게 변하는 사회에서 시대를 관통하는 힘을 갖기 위해 부단히 배우며 쌓은 지적 활동을 토대로 그동안 후배들의 질문에 답하고 공감하며 함께 고민한 것을 사내 인트라넷 통해 매주 월요일 아침에 보낸 편지들이다. 굳이 이렇게 책으로 묶어내는 이유는 모든 직장인이 공감하는 주제들이며, 그들이 이 책을 읽고 스스로 특별한 존재임을 알고 그 특별함을 실천하여 아름답게 성장하길 바라는 마음에서다. 일, 관계, 변화, 성장, 휴식이라는 직장인에게 가장 소중한 주제별로 정리했다. 이 책을 읽음으로써 따뜻한 편지 한 통의 설렘을 느낄 수 있기를 바란다.

2016년 북한산 정릉골에서
이관노

CONTENTS

프롤로그 나는 더 이상 재능과 적성을 탓하지 않기로 했다   4

1장 어떤 상황에서도 일 잘하는 비결

01. 일을 대하는 자세가 좋은 일의 기준이야. Y에게   18
02. 일과 생각을 연결해봐. C에게   24
03. 선택과 집중을 못하는 J에게   30
04. 지금 하는 일이 지루해진 B에게   38
05. 자기 업무밖에 모르는 A에게   46
06. 책상머리에서만 일하는 S에게   54
일 실천법   62

2장 마음이 만드는 인간관계 처세술

01. 상사와 관계가 소원해진 U에게   70
02. 좋은 멘토를 찾아 헤매는 M에게   80
03. 칭찬에 인색한 F에게   88
04. 동시에 여러 가지를 하는 제너럴리스트가 되어라. R에게   98
05. 좋은 비즈니스 협상에 대해 묻는 D에게   106
관계 실천법   116

3장 나를 변화시키는 직장생활 지혜

01. 기준과 관습에 갇힌 E에게   126
02. 창의성 때문에 고민이 깊어진 O에게   134

03. 질문을 잃어버린 Q에게 　　　　　　　　　　144
04. 일에도 느낌이 있어야 하는 거야. K에게 　　152
05. 빅 데이터는 흐름, 스몰 데이터가 답이야. L에게 　160
변화 실천법 　　　　　　　　　　　　　　168

4장　회사가 원하는 성장공식

01. 책 읽기를 잃어버린 R에게 　　　　　　　176
02. 인사이동을 두려워하는 N에게 　　　　　186
03. 희망 보직을 꿈꾸는 I에게 　　　　　　　194
04. 비전이 있어야 길을 잃지 않는 거야. V에게 　202
05. 습관은 습관으로 바꿀 수 있어. H에게 　　210
성장 실천법 　　　　　　　　　　　　　　220

5장　나를 찾아가는 휴식

01. 일중독에 빠진 P에게 　　　　　　　　　230
02. 자기만의 공간이 없는 W에게 　　　　　236
03. 식물을 키워봐 마음이 열릴 거야. G에게 　244
04. 요리는 힐링이야. X에게 　　　　　　　252
05. 자~여행을 떠나자. T에게 　　　　　　　262
휴식 실천법 　　　　　　　　　　　　　　270

직장관계백서　　뭣이 중헌디　　　　　　　　272
에필로그　　성장은 위대한 자기를 발견하는 일　　278

어떤 상황 일 잘하는 비결

에서도

1

A는 학교 활동이 성실해보이지 않았다. 성적은 보통이고 내로라할 만한 스펙도 없고 어학 성적도 다른 지원자보다 아주 낮았다. 지원서의 기록 대부분이 간단하거나 비어 있었다. 서류전형에 합격하여 여기까지 온 것이 운이 좋은 친구라고 생각했다. 그러나 뜻밖에도 간단명료한 그 기록들은 살아 움직였다. 지원동기는 확실했고 동아리 활동과 사회경험은 운동으로 다져진 건강한 청년의 팔뚝에 불거진 심줄처럼 선명했다.

그리고 나는 그를 면접장에서 만났다. 눈은 빛나고 머리는 짧고 단정하며 피부는 구릿빛이다. 약간 상기되었지만 두려워하지 않는 모습이 마치 사냥의 길로 처음 나서는 새끼 사자 같았다. 나는 그가 한 말을 기억한다. "비록 학교생활은 성실하지 못했지만 영화를 보고 동아리 방에서 치열하게 토론할 때가 행복했고 촬영장에서 인턴사원으로 일할 땐 하루하루가 설렘이었습니다. 사실 오늘 여기 온다는 설렘에 어젯밤 한숨도 못 잤습니다. 이제 남이 아니라 나로 살고 싶습니다." 그렇게 우리 조직에 들어온 한 마리의 어린 맹수는 지금 황금빛 갈기를 휘날리고 꼬리는 치렁한 사자가 되어 포효하고 있다. A가 운이 좋아 입사했다고 생각할지 모르지만 우리가 그를 채용한 것이 행운이었다. A는 일 속에 자기의 생각과 의지를 반영하며 일을 일으켜 세워 기준과 새로운 가치를 만드는 데 익숙해졌고 그것을 눈에 띄는 성과로 연결했다.

낙타를 벗어나 사자가 되자

B의 성실함은 눈에 띄었다. 성적은 최우수이고 스펙은 지원서 빈 칸을 모두 채우고도 넘쳤다. 어학연수 경험에 성적도 만점에 가까웠다. 이런 지원자가 1차 서류전형에 통과하기는 쉽다. 그런데 빈 틈없는 지원서를 보고 있으려니 숨이 막혔다. ㄱ 짧은 시간에 이런 스펙을 만들려고 촘촘히 짜인 스케줄에 끌려다녔을 걸 생각하니 안쓰럽기까지 했다. 지원동기도 그렇고 봉사활동으로 시작된 사회활동도 하나의 틀에서 나온 국화빵 같았다.

　B는 무거운 등짐을 지고 기존 가치에 복종하며 얼마나 자주 무릎을 꿇었는지 굳은살이 다 박힌, 참 예의 바른 낙타의 모습으로 면접장에 서있었다. 그의 답변은 대체로 막힘이 없었지만 예상외

의 질문에는 안절부절못했다. 만들어진 틀을 벗어날 때면 얼굴에 불안감이 역력했다. 나는 B가 마지막으로 한 말을 기억한다. "어떤 일이든 시켜만 주신다면 열심히 할 자신이 있습니다." 그렇게 수많은 낙타 중 하나가 우리 조직에 들어왔다. 지금도 성실하다고 정평이 나 있지만 그의 등에 쌓여 있는 많은 짐으로 발걸음이 무겁고 힘겹게 보이기만 한다. B는 현재 이직을 생각한다. 아직도 우리는 그와 같은 지원자를 인적자원이란 명목으로 확보하고 있다.

우리나라 신입사원 10명 중 7명이 이직을 고민하고 있으며 이 중 84.4%가 실제 이직을 준비하고 있다고 한다. 이직 이유와 이직 준비 방법을 보면 충격적이다. 업무 불만족과 적성에 맞지 않음이 이직 이유 중 압도적으로 많고, 자격증 취득과 자기소개서 업데이트가 대다수의 이직 준비 방법이라는 말에 마음이 아프다. 이들 중 대부분은 B와 같은 사람들일 것이다. 들어올 때는 일이 모두 좋고 적성에 맞아 지원했다고 했다. 많은 자격증으로 포장된 스펙은 지원서를 채우고도 남았지만 그들은 여전히 불안하다. 이제 더는 화려한 무늬로 세상을 속이고 자신을 부정하지 않길 바란다.

자유를 얻고, 일의 기준이 되며, 가치 생산자로 변하려면 먼저 사자가 되어야 한다. 강한 사자가 되어야 잡념과 사소함에서 벗어나 자기 길을 갈 수 있다. 자유롭다는 것은 자신에게 부끄럽지 않은 자기다움의 다른 말이다. 이제 나에게 솔직해져 내면에 흐르는 욕망 즉, 자기의 자연성을 따라가 한 번쯤 내가 일의 기준이 되는 것이다. 좋은 일이 아니라 좋아하는 일을 하고 바람직한 일이 아니라 내가 바라는 일을 하고, 해야 하는 일이 아니라 하고 싶은 일을 하라. 내 안에 마땅히 되살아나야 할 것을 부활시키자.

이성과 합리에 사로잡히지 않고 다른 사람의 말을 수용하기보단 자신이 말의 주체가 되며, 조직의 문화와 역사에 순응하기보단 문화와 역사의 주인공이 되는 것이다.

인류의 대항을 주도할 인재 양성이 기준이야

와니북

언젠가 그대가 그랬지, 왜 일이 생각한 대로 안 되는지 모르겠다고. 나도 비슷한 고민으로 많이 힘들어한 적이 있어. 입사하고 나서 상사가 시키는 일만 잘해도 별일 없이 2~3년은 지나갔는데, 고비는 그다음부터 시작되었지. 직장은 물이 고인 연못이기보다는 시시각각 흐르는 강과 같은 곳이다 보니 답도 정해진 게 아니라 수시로 변하는 거야. 새로운 업무를 접하는 데도 예전의 답 속에서 지금의 답을 찾으려 하는 게 잘못이야. 사실 같은 일이라도 답은 시간이나 시기, 환경에 따라 다르거든. 이것이 내가 힘들어하는 이유였어.

    중요한 것은 삶에는 피해갈 수 있는 경우와 정면승부를 해야 하는 경우가 있다는 점이야. 어떤 상황이나 순간은 벗어나면 그만이지만 매일 만나는 일과 관계는 피해갈 수 없잖아. 정면승부는 지금

하는 일과 관계를 피하고 선회하는 게 아니라 오직 거기에 집중하는 것을 말해.

구글의 명상 프로그램 전문가 차드 멍 탄은 명상이란 자기가 생각하는 주제만을 의식하는 힘인데 그것은 오직 그 주제에 집중하는 과정이라고 했어. 집중하는 데 잡념이 생기면 다시 집중하고 또다시 집중하면 비로소 답에 이른다는 거지.

나도 그랬어. 처음에는 피하려고만 하니 출근하기 싫고 퇴근 시간만 기다렸지. 그러는 것도 하루 이틀이지 지겹고 몸과 마음은 더 나약해져갔어. 그러던 어느 날 생각했지. 피해갈 수 없다면 정면으로 승부하자고. 그리고 나에게 질문했어. "어떻게 하면 일을 잘할 수 있지?" 결국 일을 잘해야 동료나 상사와의 관계는 물론 회사와의 관계에 변화가 생길 수 있다는 데 생각이 미쳤지. 사실 직장에서 모든 관계는 일로 만들어지기 때문에 그 관계의 좋고 나쁨은 결국 일을 잘하냐 못하냐에 달렸거든. 그래서 어떻게 일을 잘할 수 있냐는 질문을 붙잡고 놓지 않았던 거야.

미술학도와 석공 그리고 나

그러던 어느 늦은 봄날이었어. 주경야독(晝耕夜讀)을 하던 나는 항상 걸음이 빠르고 바빴는데 그날도 석양을 등진 바쁜 등굣길에 우연히 한 미술학도를 만난 거야. 그는 작은 천막 밑에서 구슬땀을 흘리며 돌 조각을 새기는 중이었어. 그가 작업하는 동작과 기쁨 가득한 표정이 바쁜 걸음을 저절로 멈추게 했어. 그 장면은 오랜 시간이 흐른 지금도 선명해. 볼품없어 보이는 장승 같은 돌 조각을 보고 만지고 다듬는 모습이 마치 돌 조각에 영혼이라도 불어넣을 것처럼 보여 한 걸음도 뗄 수가 없었거든.

공교롭게도 인근에 큰 석산이 있어 석공들을 볼 기회가 많았어. 불상은 물론 탑, 성모상 그리고 다양한 동물까지 우리가 아는 돌 조각은 거기서 다 나온다고 생각하면 상상이 되겠지. 많은 사람들이 소원과 안녕을 기원하는, 정교하고 아름답고 훌륭한 조각상들이 바로 그들에 의해서 만들어지지. 그러나 석공들 모습은 미술학도하고는 정반대였어. 출근하는 발걸음은 무겁고 어깨는 축 늘어졌으며 마지못해 나와 작업하는 표정은 근심이 가득했고 시간만

소비하는 듯했어. 퇴근 시간만 고대하며 한 잔의 막걸리를 위안 삼아 겨우겨우 견디는 것처럼 보였지.

나는 미술학도와 석공을 보면서 많은 생각이 들었어. 미술학도의 작업과 석공의 작업 그리고 내 일은 어떤 차이가 있는지 비교해 보다가 깨달았지. 작업의 차이가 아니라 일을 대하는 자세의 차이라는 사실을. 학생은 예술 활동을 한다고 생각하고 석공과 나는 그저 상사가 시키는 일을 수용하고 처리하면 된다고 생각한 거야. 다시 말해 일을 대하는 능동성과 수동성의 차이야. 그날 이후 나는 일을 다시 보고 한 번 더 생각했어. 이후 예술 작품을 조각하듯 정성과 애정으로 일을 대하기 시작했고, 도무지 알 수 없었던 늪에서 빠져나왔어. 비로소 내 일의 주인이 된 거야.

자기 존재를 증명하는 방법

오래도록 선명하게 기억나는 또 다른 것은 전 HP 회장 칼리 피오리나가 《힘든 선택들》(공경희 역, 해냄, 2006.)에서 한 말이야.

> 맡은 업무는 사무실 앞에 앉아서 손님들을 접대하고, 전화를 받아 연결해주고 문건이 넘어오면 타자를 치는 일이었다. 나는 일에 최선을 다했고, 일찍 출근하고 늦게 퇴근했다. 그리고 업무에 능숙해지기로 마음먹었다. 앞으로 어떻게 될지는 생각하지 않았다. 하찮

은 업무라는 생각도 하지 않았다. 직장이 있는 게 고마웠고 내게는 새로운 세상을 배우는 게 흥미로웠다. 또 상사에게 사람을 제대로 뽑았다는 것을 증명하고 싶었다. 〈중략〉 지금 맡은 일에 몰두하라. 모든 사람에게서 배울 수 있는 모든 것을 배워라. 각 업무의 한계가 아닌 가능성에 집중하라.

그녀는 첫 직장에서 허드렛일이나 단순 업무를 하찮게 여기지 않고 일에 능숙해지려고 노력했으며 배움을 잃지 않았다고 했어. 시키는 일을 수용하되 항상 더 잘하려고 노력하면서 매 순간 자기 존재를 증명하고 싶었던 거야. 그녀는 결국 HP의 CEO가 되었어. 나는 칼리 피오리나의 일을 대하는 자세와 자기 업무를 잘하려고 하는 배움이 좋아. 그녀의 이런 모습이 직장인이 가져야 할 가장 좋은 습관 중 하나로 보고 나 역시 실천하고 있지.

언젠가 그대가 일을 대하는 표정이 마치 반갑지 않은 사람을 대하는 것처럼 보여 안타까웠어. 일을 대하는 능동성을 갖는다면 내게 주어지는 일이 어제의 일에 하나 더 올려져 어깨를 짓누르는 짐이 아니라 새로운 생각이 열리게 하고 가치를 만들 기회가 될 거야. 결국 일이 생각대로 되지 않는 원인은 일을 대하는 그대의 자세에 있다고 봐야 해.

일을 대하는 능동적인 자세와 배움이 있는 한 언제나 더 아름다워질 수 있다고 나는 믿어. 지금 그대에게 필요한 것은 일을 대하는 자세를 바꾸는 거야.

늘 퇴근 시간이 다가올수록 허겁지겁 더 바빠지는 그대의 모습이 안타까웠어. 그리고 그대의 일상이 궁금해서 하루를 관찰하며 스케치했는데 과거 내 모습하고 너무도 닮아 웃음이 나왔지만 한편으로 걱정되어 이렇게 펜을 든 거야.

먼저 그대의 일상을 스케치해볼게. 출근 전 책상은 어제 일하다 간 그대로 정리가 안 된 상태고, 출근해서는 커피 한 잔을 들고 자리에 앉았지만 도무지 일에 집중하지 못하고 몇 번을 나갔다 들어왔다 반복했어. 어제 일의 연결고리를 찾는데 기억나지 않는 것 같아 보였지. 책상은 어제 그대로인데 생각은 날듯 말 듯, 도무지 연결이 안 되니 답답하고 불안한 게 당연해. 아침 한두 시간 정도를 그렇게 안절부절못하더니 겨우 자리에 앉아서 일을 시작했어. 어제 일의 연결고리 찾는 걸 포기하고 처음으로 돌아간 모습에서 조급함이 엿보였지. 점심을 먹고 동료들과 한참 수다를 떨다 오후가 되었어. 아직 식지 않은 수다의 열기는 메신저와 카톡으로까지 옮겨와 모니터가 현란하게 움직이는 걸 보니 내가 다 정신이 없어질 정도야. 가까스로 일을 다시 시작했지만 가끔 포털사이트 검색순위를 클릭하는 게 아마 수다 속 정보를 확인하는 모양이었어. 해가 서서히 열기를 잃어갈 때야 겨우 안정을 찾으려는데 동료들 자리가 하나둘 비어가자 그대는 다시 허겁지겁 불안한 기색이 역력했지.

산행하다 보면 뒤에 따라오는 사람은 쉼이 없는 고행의 연속인데, 그건 앞서가는 사람들이 쉬고 있는 곳까지 겨우겨우 쫓아가면 그들은 다시 일어나 걷기 시작하기 때문이지. 그대의 일상이 바로 그런 고행 같았어.

시간을 관리하는 사람, 시간의 노예가 된 사람

우리가 살면서 신을 원망할 때도 있지만 그래도 신에게 의지하는 것은 신이 모두에게 공평하기 때문이겠지. 나는 그 공평함의 기준이 바로 시간이라고 생각해. 우리는 시간을 촘촘히 구획하는 일을 일컬어 계획을 세운다고 하잖아. 계획은 하루라는 시간 속에 던지는 그물과 같아. 시간은 모두에게 똑같이 주어지는데 여유와 쉼이 있고 생각이 있는 하루를 보내는 사람이 있는 반면, 항상 시간에 쫓기며 하루를 보내는 사람도 있지. 전자는 시간을 관리하는 사람이고 후자는 시간의 노예가 된 사람이야. 시간 관리는 바로 계획이라는 그물을 짜는 건데, 그물이 촘촘할수록 고기를 많이 잡을 수 있듯이 계획도 구체적이어야 해. 그래야 우리가 실천할 수 있고 실천을 통해서만 시간 속의 신 즉, 내가 얻으려는 답을 만날 수 있어. 신은 분명 하루 속에 존재하지만 아무 때나 만나는 게 아니라 촘촘한 그물을 던질 때 가능하지.

10년 전, 내가 인문학에 관심을 두고 신청했던 신영복 교수의 강의에서 옥중 생활 가운데 만난 목수 노인에 대해 들었어. 내용은 이랬어. 하루는 목수 노인과 집 짓는 이야기를 하면서 그가 집을 그리는 것을 보고 놀랐다는 거야. 집을 당신이 지금까지 그리던 순서와 정반대로 그리고 있었기 때문이야. 보통은 집을 그릴 때 지붕부터 그리잖아. 그런데 그 목수는 집 짓는 순서와 똑같이 먼저 주춧돌을 그린 다음 기둥을 세우고 지붕을 그렸어. 이를 통해 실천하는 사람의 그림은 다르다는 것을 깨달았다고 해. 다시 말하면 실천을 이끄는 계획은 구체적이고 현실적이야 한다는 거야.

그럼 실행력 있는 계획은 어떻게 세워야 할까? 사실 나에게도 많은 시행착오가 있었어. 아침부터 저녁까지 촘촘히 시간을 나누고 주제를 모아 가며 계획을 세웠지만 실행이 만족스럽지 못했지. 상실감이 컸어. 그러던 어느 날 퇴근을 앞두고 책상을 정리하면서 지금 하는 일과 내일 할 일을 Post-it에 구분해서 간단하게 메모했는데 그것을 책상에 붙여놓고 보니까 많은 생각이 떠오르는 거야. 그리고 그 속에서 또 다른 생각이 떠오르는 경험을 했어. 마치 자석에 쇳가루가 빽빽하게 달라붙는 느낌이 들 정도로 좋은 아이디어가 다양하게 떠오르는 거야. 그때 알았지. 계획에서 시간을 촘촘히 나누는 것도 중요하지만 생각의 연결성이 있어야 한다는 것을. 그리고 내일 할 일을 마음속에 담고 퇴근했어. 그렇게 계속 생각하다가 순간 예상하지도 못한 아이디어가 나오는 거야. 그 좋은 생각을 메모하고 잠자리에 들었지만 당장 출근해서 적용하고 싶은 마음에 도무지 잠을 이룰 수가 없었지. 다음 날 출근길은 어느 때보다 설레었어. 그때야 비로소 설렘이 있는 출근길을 알게 된 것 같아.

일을 생각하는 메모로 퇴근을 준비해봐

우리는 과학과 기술의 발달로 직장과 가정의 경계가 무너진 사회에서 살고 있잖아. 집에서 일할 수도 있고 직장에서 공과금을 내거나 쇼핑할 수 있고 개인적 정보를 검색하고 얻을 수 있지. 우리를 둘러싼 시간과 공간의 물리적 경계는 무너진 지 오래고, 정신적으로는 더 그렇게 되었어. 그러니 그대도 그 경계를 지키려고 노력하기보다 시공간을 넘나들어 자유롭게 생각하라는 거야.

그대, 이제 출근을 준비하지 말고 퇴근 시간을 준비해봐. 허겁지겁 회사를 나서지 말고 퇴근하기 전 30분, 정리 시간을 갖고 오늘 한 일과 내일 할 일을 생각하고 일과 생각 사이에 간단한 메모로 연결고리를 만들어 놓고 퇴근하라는 말이야. 그러면 출근길은 조급함이 아니라 설렘이 있는 길이 되겠지.

　간단한 메모 한 장, 아주 쉽지 않나? 그리고 내 일에 대한 생각이 계속된다면 그대는 누구보다 창의적인 일을 하게 될 거야. 일 속에 자기의 생각이 녹아들어, 내 생각이 일에 새로운 가치를 부여할 때 일이 즐거워지는 거야.

　행복한 사람은 내 안에 관심 있는 것을 가진 사람이라고 하지. 만약 그대의 일이 그대 안에 그대의 관심 속에 있다면 그대는 일로써 행복한 사람인 거야. 일하는 것이 행복한 사람은 일을 신이 준 선물이라고 말하지만 일하는 것이 행복하지 못한 사람은 일을 벌로 생각한다고 해.

　나는 그대의 일상이 선물이었으면 좋겠어.

1장. 어떤 상황에서도 일 잘하는 비결

서랍에 저녁을 넣어 두었다

한강 시집

얼마 전 어떻게 지내냐는 물음에 활짝 웃으면서 "요즘 너무 바빠 죽겠어요"라고 나온 대답이 나에게는 충격이었어. 마치 바쁘다는 걸 자랑하는 듯이 들렸기 때문이야. 그러고 보니 그대는 바쁘다는 말을 달고 살면서, 바쁨에 지나치게 가치를 부여하는 것 같아 안타까웠어. 사람들이 그대에 대해 항상 바쁘게 움직이고 예스맨으로 통한다고 얘기할 때면 화가 나기도 했지. 내 경험으로 보아 그것은 칭찬이 아니야.

 나도 한때는 그대처럼 항상 바쁘고 지시와 부탁을 거절하지 못하고 모든 일을 다 할 것처럼 살았어. 밤잠을 설치며 직장이 모든 일에 우선이었지만 스스로 일과 결과에 만족해본 적이 없었지. 아이가 아파 병원에 가는 모녀의 비틀거리는 뒷모습을 보며 회사에 출근한 그날, 사실 나는 아무 일도 할 수 없었고 가족에게는 상처만 남겼어. 그런데 언제부턴가 다른 사람들 눈에 나는 원래 그런 사람으로 인식되고 있었지. 그제야 깨달았어, 모든 것을 다 하려는 생각, 모든 사람의 요청을 다 수용하려는 생각을 멈추어야 내가 정말 중요한 일을 할 수 있다는 걸. 일에 우선순위를 정하지 못하면 다른 사람이 내 일의 우선순위를 정한다는 걸.

바쁨의 버블을 걷어내고 일의 속살을 봐

어떤 정치인처럼 나도 그대에게 묻고 싶어. "그렇게 바빠 죽을 것처럼 사는데 일에 보람은 느끼나?" "그렇게 지시와 부탁을 다 수용해서 조직과 사회로부터 얼마나 인정받고 있나?" 충분히 보람을 느끼고 인정받는다고 대답한다면 더 할 말이 없지만 아니라고 생각한다면 이제 그대는 바쁨의 버블을 걷어내야 해.

오랫동안 열심히 하는 것이 최고 미덕이었어. 노력은 시간의 희생을 요구했고 시간에 비례해 결과를 예측할 수 있었지. 그러니 밤잠을 줄여가면서 일하고 휴식도 삶도 모르고 지냈던 거야. 그러나 사회는 중요한 일을 잘하기를 요구한지 오래야. 이렇게 질문해봐. "지금 나는 진짜 중요한 일에 시간과 역량을 투자하고 있나?" 지금 하는 일을 나열해두고 중요하다고 생각하는 일부터 순서를 다시 정리하는 거야. 아무리 많은 일이라도 우선순위는 있고 더 잘할 방법도 있어. 그런데 바쁜 사람들은 제 일의 속살을 볼 기회를 만들지

"그렇게 바빠 죽을 것처럼 사는데 일에 보람은 느끼나?"

못해서 모든 일이 같은 일이 되어 지치고 스트레스를 받지. 그러니 한 번도 중요한 일을 하는, 중요한 사람이 되지 못하고 그저 그런 행정가로 남는 거야.

먼저 내가 다 해야 한다는 생각을 버리고 무엇을 포기해야 할까를 생각해봐. 선택은 다른 하나를 버리는 것과 같은 뜻이야. 무조건 일을 더 많이 하기보다 중요한 일이 무엇인지 가려내기 위해 생각할 시간을 갖고 중요한 일에 집중해. 또 바쁨을 달고 살지 말고 일을 주도적으로 한다는 마음을 먹어. 그런 마음이 있어야 내 일이 되고 내 일을 할 때 보람을 느낄 수 있지.

중요한 한 가지! 일정한 기간마다 한 번씩 거리를 두고 자기 일을 생각해봐. 적어도 2주 단위로 일의 우선순위를 정리하고 한 달에 한 번씩 자기가 하는 일에 대해 생각하는 거야. 그래서 시급성과 중요성이 있는 일을 선택한다면 일에 집중할 수 있어. 그리고 한 달에 한 번은 내가 한 달 동안 무엇을 해왔고, 어떤 일이 중요했는지, 어떤 중요하지 않은 일에 시간을 허비했는지 생각하고 다음을 계획하는 거야. 그대가 습관적으로 작성하는 월간 업무 계획, 주간 업무 계획은 단순히 일정에 맞춰 해야 할 일을 반복적으로 쓴 것에 불과해. 그 일정에는 해야 할 일만 있지, 하고 싶은 일은 없잖아. 우리가 한 번도 일을 주도하지 못하는 이유가 여기에 있어.

전체에 대한 이해 없이 부분을 이해하긴 힘들지

그럼 내 업무에서 어떻게 중요한 일을 판단하고 선택할 수 있을까? 선택에 익숙하지 않은 사람에게는 이 질문이 더 어렵겠지. 그러니 먼저 숲을 보고 나무를 보는 습관을 지녀야 해. 전체에 대한 이해 없이 부분을 이해하기는 힘들어. 부분을 합하면 전체가 될 것 같지만 절대 전체를 이루지 못하는 게 사실이잖아. 내가 하는 일이 조직의 일과 어떤 연관이 있는지, 어떠한 영향을 미치는지를 평가해야 일의 우선순위를 정할 수 있어. 염두에 둬야 할 것은 어떤 경우라도 일의 목적을 벗어나면 안 된다는 거야.

두 번째는 지금 하는 일의 의미를 알아야 한다는 거야. 물론 일은 전부 나름대로 의미가 있지만 모든 일에 다 중요한 의미가 있지는 않아. 목소리 큰 상사의 지시가 다 의미 있고 모든 정보가 다 중요한 의미를 담고 있진 않잖아. 그러니 내 일이 조직에 어떤 긍정적인 영향을 미치는지 지금 하는 일에서 의미를 찾고 부여하라는 말이야.

세 번째는 현장과의 연결성을 찾는 거야. 우리는 변화무쌍한 시대에 살고 있고, 현장은 그 변화의 중심에 있어. 지금까지는 한 번 세운 기준의 가치가 오랫동안 유지되었지만 이제는 그렇지 않은데 하나의 기준으로 일하면 과거에 집착하는 거야. 시대성이란 트렌드를 담고 시간성 즉, 지금을 담아야 좋은 일이 될 수 있어. 시대성과 시간성을 반영하지 못한 일은 누구도 관심을 갖지 않는 복고

풍에 지나지 않아. 현장은 현재진행형이고 현장이 답이란 사실을 잊지 말아야 해.

 마지막으로 질문을 자주 하라는 거야. 자신이 하는 일에 의문을 가지라는 말이지. 의문이 있어야 의미를 부여할 수 있어. 질문이 있어야 생각하고, 생각이 있어야 생각이 담긴 일이 되는 거야. 내 일에 내 생각이 녹아있지 않으면 그 일은 결국 지시한 사람의 일이 되잖아. 우리가 일에 스트레스를 받고 보람을 느끼지 못하는 것은 그 일이 내 일이 아니기 때문이야. 좋은 질문이 좋은 일을 만든다는 사실을 꼭 기억해야 해.

누구나 어릴 때 이런 실험을 하지. 돋보기로 빛을 모아 종이에 불을 붙이는 실험. 종이에 불이 붙는 순간을 우리는 지금도 잊지 못하잖아. 이렇듯 실천을 통해 얻은 이해를 머리와 몸이 기억하여 습관처럼 적용해간다면 일에 대한 선택과 집중을 할 수 있을 거야. 이때 비로소 내 일을 하게 되고 일에 힘이 있음을 느낄 거야. 직장인이 가질 수 있는 가장 좋은 느낌, 그것은 일하는 즐거움이야.

또 그대에게 말해주고 싶은 게 있어. 이제 모든 일에 관여하고 싶은 오지랖을 좀 줄여. 많은 것에 신경을 쓰고 전체적인 상황을 보는 건 좋지만 모든 일을 다 알려고 하는 건 잘못된 생각이야. 그 오지랖 때문에 자기 일에 집중할 수가 없잖아. 큰 장점이 될 그대의 성격이 단점으로 작동하고 있어. 모든 것을 다 알려 하지 말고 그대의 업무에 초점을 맞춘다면, 그 안에서 그대의 장점인 오지랖에 깊이를 더해 활용한다면 그대의 일은 한 단계 발전할 거야.

자기의 장점이 작동해서 하는 일은 즐겁고 신나지. 그러니 그대의 장점을 춤추게 해봐.

지금 아는 얼굴이 서툴어진

에니케

어떤 사람이 자기 길을 걷는지는 걸음걸이를 보면 알고, 자기 일의 주인인지 노예인지는 표정을 보면 알 수 있어. 요즘 그대의 걷는 모습과 표정에서 일상이 주는 마지못함을 느끼고 물었지. "왜, 일이 재미없어?" 그대가 처음 그 일을 할 때는 매우 활기차고 새로운 일에 대한 호기심이 대단해서 질문도 많이 했지. 일을 하나씩 마치고 기뻐하던 표정을 기억해. 그런 그대에게서 왜 즐거움이 빠져나갔는지 궁금해졌어. 아마 그대는 그러겠지. 내 일상에 아무 변화가 없는데 왜 그러는지 모르겠다고. 그러나 바로 그 변화가 없는 일상이 그대의 문제가 아닐까?

그대는 안부를 물으면 항상 이랬어. "아무 일 없이 잘 지내고 있습니다." 다음에도, 그다음에도. 그 '아무 일 없음'이 그대 일상에서 재미를 빼앗고 그 자리에 지루함을 채운 건 아닐까?

지루함은 마음에 사표를 담게 해

어제와 같은 오늘이 반복되고 어제 하던 일이 연속되면서 그대의 일상은 습관에 지배당하고 있다는 생각이 들어. 그대 스스로 일어나서 잠자리에 들 때까지 어떻게 보내왔는지 되돌아봐. 눈을 뜨면서 휴대폰을 집어 들고, 휴대폰의 화면에서 잠시도 눈을 떼지 못하는 출근길이 습관처럼 이루어지고 사무실에 도착해서 컴퓨터를 켜고, 커피를 마시고 어제 하던 일이 이어지며 오후 시간과 퇴근 시간에 이르기까지 일련의 행동이 계속 반복됨을 느낄 수 있을 거야. 마치 사전에 프로그래밍이 된 로봇처럼 우리가 의식하지 못하는 순간에도 모든 행동이 한 치의 오차 없이 습관처럼 이루어지고 있지 않나? 일이 습관처럼 반복되면서 자기도 모르는 사이에 생각이 없어지고, 당연하게 받아들이는 것이 많아져. 그 당연함이 지루함이 되고 지루함은 마지못함이 되는 거야. 그대의 마지못한 출근길은 아마도 변화를 만들어내지 못한 데서 기인한 게 아닐까?

이러한 지루함은 대부분의 직장인이라면 한번쯤 겪는 것이지. 한때 나도 매일 출근하면 다른 부서를 기웃거리고 퇴근하면 다른 사람들 세계를 넘보며 지금 하는 일, 지금 내가 서 있는 곳에서 벗어나려고만 했어. 누구나 경험하는 일이니 쉽게 넘어갈 것 같지만 그렇지 않아. 아무렇지 않던 삶에 자기도 모르게 찾아오는 우울증 같은 것이 직장인의 지루함이거든. 우울증이 죽고 싶은 충동을 일으키듯 일의 지루함은 마음에 사표를 담고 다니게 해. 그러니 괜찮다며 외면하지 말고 그대의 현실을 있는 그대로 받아들여. 우리는 우리가 받아들이는 것들 때문에 변화하고 우리가 받아들인 것들은 우리의 받아들임으로 변하지. 내가 변하고 일이 변하고 일상이 변하는 거야.

일은 수많은 관계와 재료로 구성되어 있어

그럼 어떻게 이 지긋지긋한 지루함에서 벗어날 수 있을까?
먼저 내가 아는 이야기를 하나 들려주고 싶어. 윌리스 카우프만이 도시를 떠나 숲에서 10년간 홀로 지낸 삶을 기록한 책《길을 잃는 즐거움》(강주헌 역, 이레, 2002.)에 나오는 이야기야.

> 10년 동안 주변 땅에 의지해 살았고, 그 땅을 헤집고 돌아다니며 살았건만, 어이없게도 나는 길을 잃었다. 숲에서 길을 잃는 것은 무엇인가 새로운 것을 발견하는 기회였다. 숲을 걷는 일이 잦아질수록, 길 잃을 가능성이 줄어들었다. 그러나 나는 길 잃을 새로운 방법들을 찾아냈다. 밤은 길을 잃기 가장 쉬운 방법이다.

뜻하지 않게 잃어버린 길에서 카우프만은 새로움을 발견했는데, 그 새로움이 주는 즐거움이 말할 수 없는 기쁨이었어. 그래서 그는 그 길이 익숙해져 길 잃을 가능성이 낮아지면 길 잃는 방법을 찾아내곤 했지. 아마 그렇게 해서 홀로 생활하는 숲 속에 찾아온 불청객인 지루함을 즐거움으로 바꾼 듯해.

나에게도 비슷한 경험이 있어. 몇 년 전 동해가 보고 싶어져 가족과 함께 속초로 가던 중이었지. 그때 우리 가족은 자동차로 동해에 가는 게 처음이었는데 자동차 전용도로를 지루하게 달리다 뜻하지 않게 미시령 옛길이란 표지판을 보았어. 그 옛길이란 말에 이끌려 자동차 전용도로를 벗어나 그 길로 접어들었는데 감탄을 금할 수가 없었지. 전용도로의 지루함에 졸고 침묵하던 우리 가족 표정이 180도로 바뀌었어. 창문을 여는 데 그치지 않고 모두 차에서 내려 경치와 맑은 공기 그리고 길의 곡선이 주는 여유를 찾을 수 있었지. 지루함으로 잃어버린 여행의 즐거움까지 말이야. 그 일 후에는 샛길이 주는 여유와 행복을 의도적으로 만들곤 해.

나는 일도 이와 다르지 않다고 봐. 일반적으로 한 보직을 2~3년 이상 맡으니까 급여를 담당하는 사람은 그 일만 계속하고 영업 담당이나, 구매 담당도 같은 일을 반복하잖아. 알다시피 일이 반복되면 익숙해져서 행동이 민첩해지지만, 일이 습관화되고 속도에 중독되어 서서히 생각 없이 일하게 돼. 우리가 고속도로에 들어서는 순간 여행의 즐거움은 사라지고 목적지에 일찍 도착하려는 목표로 속도만 내는 것과 같아. 여행의 즐거움은 목적지에 있는 게 아니라 과정에 있다는 걸 잊고 여행에서 돌아오면 피곤과 허무만 남는 것과 마찬가지로 일에서 생각이 빠져나가는 순간 우리는 일의 노예로 전락하고 말아.

그대의 지루함은 그대가 일의 노예가 된 증거야. 내 일에 내 생각이 항상 머무르게 해야 하는 거야. 여행의 즐거움이 과정에 있듯이 일에서도 과정을 즐길 필요가 있어. 그런데 일의 과정을 즐기지 못하는 것은 일을 일로만 보는 데 있어. 예를 들어 겨울에 창밖에 내리는 눈을 그냥 눈으로 보면 모두 똑같이 보이지만 자세히 들여다보면 모양이 다 다르고 그렇게 아름다울 수가 없잖아. 그대의 일을 조금만 자세히 한번 들여다봐. 평상시 습관처럼 처리할 때는 그렇게 단순해보이던 일은 수많은 관계와 재료로 구성되어 있고, 그대의 따뜻한 관심과 좋은 생각을 기다린다는 걸 느낄 수 있을 거야. 그러니 카우프만처럼 지루한 일상에서 길을 잃어보란 거야. 내 일을 스스로 단순화시키지 말고 일 속의 다양한 구성요소들을 사랑해봐. 급여담당자가 직원 한 사람 한 사람이 하는 일을 생각하고 그들의 노고를 생각하며 일한다면 어떻게 속도와 습관으로 일할 수 있겠어. 모두 고마운 존재가 되고 그런 고마운 마음을 갖는 사람 또한 아름다운 존재가 되지. 그리고 일을 더 사랑할 수 있게 되는 거야.

시간의 제한성이 긴장감을 주는 거야

지루함에서 벗어나는 두 번째는 방법은 일에 마디를 만드는 거야. 우리가 일을 습관처럼 하게 되면서 일에 마디가 사라졌어. 어제 일이 오늘도 반복되면서 해야 하는 의무만 남고 '언제, 어떻게, 왜'가 사라지면서 일의 의미마저 없어지게 된 거야. 용맹함과 위엄 등 모든 야성적 본능을 잃고 사육사가 던져주는 고깃덩어리에 만족하며 하루를 하품하며 지루하게 보내는, 무늬만 호랑이지 고양이만도 못한 동물원 호랑이를 상상해봐. 그대의 일과 닮은 것 같지 않아? 지금 그대가 일에서 지루함을 느끼는 것은 일에 긴장감을 만들지 못하기 때문이야. 어제의 일이 오늘도 마디 없이 지루하게 이어지면서 긴장감이 사라진 거야. 일의 마디란 '언제'라는 시간성을 부여하는 것이고 그 시간의 제한성이 긴장감을 주는 거야. 그 긴장감이 우리를 깨어있게 하지.

몽골의 목동들은 겨울이 되면 말들을 보호하기 위해 늑대 사냥을 하는데 꼭 한두 마리의 늑대는 살려둔다고 해. 말들이 긴장을 놓지 않게 하기 위해서지. 긴장을 놓는 순간 몽골의 추운 겨울을 견딜 수 없기 때문이야. 시카고대학 교수이자 《몰입의 즐거움》(이희재 역, 해냄, 2007.)의 저자인 미하이 칙센트미하이는 시간을 정하고 진행하는 게임을 할 때가 가장 몰입도가 높다고 했어. 즉 시간의 제한성은 긴장감을 갖게 하고 그것이 순간 몰입을 하게 만들고 그때 우리는 즐거움을 느낀다는 거야.

그대가 신입사원이었을 때를 한번 생각해봐. 촘촘히 짜인 계획표에 표시되어 있던 일정과 완료일, 그 완료일이 주는 긴장감은 시간이 지난 지금도 전율을 느끼기에 충분할 거야. 모든 것이 궁금하고 어떻게 하면 더 잘할 수 있을까 고민하던 그때가 정말 좋았다는 생각이 들지. 그러니 일이 그대의 시간 속에 있게 해.

그리고 일을 자꾸 쉽게만 하지 말고 난도를 좀 높이면 좋을 거야. 변화 없이 습관처럼 하는 일은 시시해지잖아. 그럼 어떻게 난도를 높일 수 있을까? 일에 변화를 줘. 일이란 항상 더 좋은 방법이 있고 더 좋은 일로 진화하지. 더 좋은 방법의 조건은 전략적으로 접근하는 거야. 전략이 가치를 창출하기 위한 목적으로 경쟁우위에 서도록 조직을 포지셔닝하는 일로 정의되면서 높은 사람들의 전유물처럼 여겨지지만, 사실 전략이란 모든 업무에 적용 가능한, 가장 좋은 방법을 의미해. 전략은 어떤 일의 가치를 창출하기 위해 기존과는 다른 차별적인 접근을 시도하고 쉽게 모방할 수 없는 차별적인 행위들을 선택하는 데 초점을 두지. 그대가 지루함에서 벗어나 지금 하는 일을 탁월하게 하기 위해서는 전략적으로 접근할 필요가 있는 거야.

전략적으로 일하는 습관만큼 그대를 성공으로 이끄는 좋은 습관은 없다고 생각해. 나는 그대의 일상이 다시 활력이 넘치고 그대로부터 시작된 에너지가 전달되고 전이되어 공명하는 조직이 되기를 희망해.

자기 앞의 생

에밀 아자르

언젠가 그대가 내게 어떻게 모든 부서의 일에 명확한 의견을 줄 수 있냐고 물었을 때 무심코 "너도 나만큼 근무해봐"라고 답변한 게 마음에 걸려 펜을 들었어. 물론 오랜 시간 많은 보직을 경험한 게 도움은 되지만 의사 결정이란 현재진행형이기 때문에 내 경험이 현실적이지 못하면 의사 결정이나 조언, 답변 등이 명확할 수 없는 거야. 그러니 그냥 오래 근무한다고 해서 되는 문제는 아니지. 자신의 보직을 수행하면서 다른 부서의 일에 대해서도 이해하고 순발력을 발휘할 수 있는 사람, 나는 이런 사람을 멀티플레이어라고 불러. 내가 많은 부서의 업무를 비교적 명확하게 파악하고 있는 건 바로 멀티플레이어가 되기 위해 노력한 결과야.

2002년 월드컵 이후 박지성 선수를 생각하면 좀 더 쉽게 이해가 될 거야. 그 당시 박지성 선수는 산소탱크로 불릴 만큼 그라운

드를 누비고 다니는 멀티플레이어였잖아. 자기 포지션을 지키면서도 좌우 어디에서도 골을 넣고 찬스를 만드는 멀티플레이어. 그는 끊임없이 움직이며 경기 전체의 흐름을 읽고 다른 포지션을 이해함으로써 자기가 언제 어느 곳에 있어야 골과 찬스를 만들 수 있는지 판단할 수 있었어. 그래서 그는 최고의 선수가 된 거야.

멀티플레이어 개인과 멀티플라이어 리더

이제 사회와 조직에서도 이러한 멀티플레이어가 필요해. 그 이유는 명확하지. 이전의 사회는 전문화의 시대였기에 자기 일만 잘하면 되었어. 전문화는 다르게 표현하면 표준화야. 모든 일이 규격화, 표준화되어 있어 부분과 부분을 더하면 정확히 전체가 되었고 하나 더하기 하나를 하면 둘이 되는 시대였지. 그러니 직장에서도 자기 일만 잘하면 되었고. 그러나 지금은 그대도 알다시피 전문성보다 새로움에 가치를 두는 창조사회잖아. 창조성의 핵심가치는 다양성에 있어. 국가나 조직의 다양성은 크게 언어, 인종, 문화, 종교, 성별 등으로 분류되지만 개인의 다양성은 지적 다양성과 내가 맡은 일 외에 다른 업무를 받아들이고 이해하는 데 있지. 지식과 지혜의 융합을 통해 새로운 창조성이 생산되고 내 일과 다른 일이 융합되면서 새로운 가치가 생산되기 때문이야. 최근에 대학에서도 학문의 융합은 물론 복수 전공과 이공계와 인문계의 경계를 넘나

드는 수업 등이 활발히 이루어지는 것도 창조성을 끌어내려는 작업이야.

이제 일을 잘하기 위해서는 내 업무만 성실히 하면 된다는 생각을 버려. 그대의 일이 좋은 일이 못 되고 새로운 가치를 생산하지 못하는 것은 자기 일밖에 모르는 그대의 잘못된 생각 때문은 아닐까? 그대가 멀티플레이어가 되어야 하는 명백한 이유는 일을 잘하기 위해서야. 그리고 멀티플레이어가 되어야 리더로서 조직원의 더 많은 역량을 끌어내는 멀티플라이어가 될 수 있어. 멀티플라이어는 말 그대로 조직원들의 역량을 최고로 끌어내는 곱셈의 승부사를 말하는데, 시대는 멀티플레이어인 개인과 멀티플라이어인 리더를 원한다는 사실을 알아야 해.

그대가 내게 물었지. 그럼 어떻게 하면 멀티플레이어가 될 수 있냐고. 먼저 사회와 조직이 왜 멀티플레이어를 원하는지부터 알아야 해. 앞서 언급했듯이 예전의 사회에서는 부분을 합하여 전체가 되었다면 지금은 모든 것이 연결되어 있어. 조직의 목적과 고객 사이에 내 일이 존재하고, 어떤 부서의 일이든 조직의 목적과 고객 사이에 존재함으로써 서로 연결되는 거야. 내 일이 독립적으로 존재하여 완성되는 것이 아니라 다른 많은 부서와 연결되어 완성된다는 말이야. 그대의 일을 생각해봐. 한 번이라도 독립적으로 이루어진 적이 있었나? 모두 여러 부서나 협력관계의 조직과 연결되어 있잖아.

이러한 경영환경의 변화가 협업과 협력, 그리고 공감이란 새로운 가치를 요구하게 되었어. 그러니 내 일만 잘한다고 해서 그 일이 잘한 일이 되는 게 아니라 그 일로 인해 고객의 가치가 높아져야 그 일이 잘한 일이 되는 거야. 협력과 공감이란 함께한다는 의미이고 함께했을 때 조직이 지속 가능할 수 있어. 협력과 공감을 잘하기 위한 조건이 바로 멀티플레이어야.

소수만 잘하면 된다는 파레토 법칙은 그만

그럼 어떻게 하면 멀티플레이어가 될 수 있을까?

첫째는 자기 일에 전문성을 가져야 해. 자기 업무를 완전히 이해하고 있어야 하는 거야. 그러려면 학문성과 사실성을 겸비해야 하지. 실무를 받쳐주는 이론이 정립되어 있어야 내 일과 연결된 대상을 찾을 수 있고 찾은 대상과 교감할 수 있고 공감을 끌어낼 수 있어.

난 새로운 일을 맡으면 관련 도서를 적어도 2~3권을 찾아 이론을 정립하는 습관이 있어. 이때 가능하면 동일한 이론을 이야기하는 두세 명의 다른 저자 책을 읽어보는 게 좋아. 논리의 편향성을 막을 수 있기 때문이지. 실무적으로는 협력관계에 있는 조직의 전문성을 습득하는 게 가장 현실적이야. 대부분 우리와 파트너 관계에 있는 조직을 갑을 관계로 정립하면서 무시하는 경향이 있지만 그들의 현장 중심적인 전문성이 가장 현실적이지. 그리고 현장에 많이 나가 그곳의 소리를 많이 듣는 게 좋아. 중요한 것은 지금 많이 아는 게 아니라 계속 배움의 자세를 갖는 데 있어.

둘째는 대상을 이해하는 거야. 나와 같이 협력관계를 만들기 위해서는 사람에 대한 이해가 선행되어야 해. 대상에 대한 이해가 내 행동을 결정짓기 마련이야. 만약에 서로의 성장 배경에 대한 이해가 없다면 다툼만 생기지 않을까? 사람을 이해하기 위해서는 사람 공부가 필요해. 관계에서 가장 중요한 것은 사람에 대한 공부야. 내가 그대의 가족관계는 물론 아버지의 직업, 성장 배경까지 다 기억하는 것에 놀란 적이 있지? 그때 나는 그대에 관해 더 많은 것을 이야기했고 특히 장단점까지 말했을 때 동그랗게 커진 그대의 눈을 지금도 기억해. 아는지 모르겠지만 나는 그대에게 업무를 주면서 한 번도 지시형으로 말하지 않고 업무의 목적과 방향성을 설명하는 식으로 말했어. 그건 내가 그대의 단점을 알았기 때문이야. 일에 대한 충분한 공감이 없으면 그대는 항상 부분에 치우치는 경향이 있어. 숲을 보지 않고 나무만 보는 습관 말이야. 그대도 자기 일과 연결된 대상을 충분히 이해하면서 대하길 바라.

셋째는 협력부서의 업무, 프로세스에 대한 충분한 이해가 있어야 해. 그래야 협력 시너지를 만들 수 있어. 지금까지는 대부분 협력부서를 협력 관계가 아니라 종속 관계 또는 경쟁 관계로 여겨 신뢰가 아닌 불신의 관계에 있었지. 이제 부서별 실적 위주의 경쟁적 분위기가 아니라 서로 돕는 문화로 발전시키고, 종속 관계가 아니라 파트너 관계가 필요하다는 걸 기억해야 해. 소수만 잘하면 된다는 파레토 법칙(상위 20%가 전체 80%를 차지한다.)의 유통기한이 끝나고 롱테일 법칙(80%의 사소한 다수가 20%의 핵심 소수보다 뛰어난 가치를 생산한다.)이 더 유효한 이유도 이러한 경영환경의 변화에 있어. 또한 내가 다른 포지션의 역할이 가능해지고 업무의 융합이 가능해지면서 새로운 가치를 생산할 수 있는 거야. 그러니 내 업무의 협력관계에 있는 부서나 파트너에게 업무처리에 대한 요구가 아닌 요청을 하며 좋은 관계를 만들어야 해.

넷째는 공감하는 능력이야. 공감은 소통을 기반으로 형성된다는 것은 널리 알려진 사실이잖아. 그러나 우리는 대부분 대화하기보다는 공문 형태나 메신저를 통해 요구하고 지시하는 경우가 많지. 아마 그대도 얼굴 한번 보지 않고 서류나 메신저만으로 일한 경우가 많이 있을 거야. 그러다 보니 배가 산으로 가는 때가 허다하고 서로 다투고 불신만 쌓여가는 거야. 같은 일을 다르게 해석하니 당연한 결과야.

이제 일하는 방법과 자세를 바꿔봐. 진행할 일의 목적을 충분히 공유하고 방향성과 효과, 즉 얻고자 하는 결과를 공유하는 거야. 문제의 핵심은 사사로운 분자에 있는 게 아니라 조직원 모두가 공감하고 공유해야 하는 목적에 대한 이해 즉, 분모에 있음을 알아야 한다는 말이야. 그리고 진행 과정을 공유하면 되는 거야. 사실 목적과 방향을 정확히 공감한다면 과정은 아름다울 수밖에 없어. 협력하는 모두가 같은 생각, 같은 고민을 하기 때문이지. 그때 일의 시너지는 커지고 새로운 가치가 생산된다는 사실을 잊지 마.

정리하면 경영환경의 변화로 시대는 전문인보다 멀티플레이어가 필요해. 멀티플레이어가 되기 위해서는 먼저 내 업무에 대한 전문성을 갖추고, 대상에 대한 이해가 선행되어야 하며, 협력부서 또는 조직의 업무와 프로세스를 알고, 공감하는 역량을 가져야 하지. 그러면 멀티플레이어로서 역할을 충분히 해낼 수 있으리라 믿어.

나는 그대가 어느 부서 어디에 있든 그대가 있어 그곳이 빛났으면 좋겠어.

8 책상머리에서 마음으로 다가가는 예제

요즘 휴가도 못 가고 자리를 지키며 일하는 사람들이 농담으로 하는 말이 있지. 자리를 비우면 책상을 뺄까 무서워 자리를 비우지 못한다고. 어쩌면 이 말은 농담으로 포장된 불안과 두려움일 확률이 높아. 두려움 속에 있는 사람들은 육체적 분주함 속에서 자신의 불안을 잊으려고 하지. 퇴직과 감원에 대한 두려움에 시달리면 더 일찍 출근하고 더 바쁜 것처럼 움직이고 더 늦게 퇴근하고 자리를 떠나지 못하는 것처럼 말이야. 두려움은 우리를 내리누르고 닫아걸고 조이고 숨게 하고 독점하고 싶어 하는 에너지야. 그러니 그대도 한번 깊이 생각해봐. 쉽게 자리를 비우지 못하는 게 혹시 불안과 두려움의 무게 때문은 아닌가?

무기력이 아니라 두려움이라면 그래도 다행한 일이야. 무기력이 자포자기의 특징을 가진 반면에 두려움은 인간 행동의 보편적인 동기를 이루기 때문이지. 사실 우리는 두려움 속에 살도록 길들여 있는지도 몰라. 오래전 문명이 발달하기 전부터 사나운 동물과 거친 자연은 인간의 생명을 위협하는 두려움의 대상이었으니 말이지. 그래서 우리는 잘 적응하는 자가 살아남고, 가장 강한 자가 이기며, 가장 영리한 자가 성공한다고 듣고 살아왔고 그러기 위해 발버둥 치며, 어떤 상황이든 자신이 이에 못 미치는 것처럼 여겨지면 잃게 될까 봐 두려워하는 거야.

그러나 두려움의 치명적 약점은 창조성을 죽인다는 데 있어. 그대는 온종일 쉴 새 없이 분주하게 일하지만 창조적인 일을 할 수 없고 문제의 본질을 찾지 못하기 때문에 그 문제 속에 갇혀 자리를 떠나지 못하는 거야.

지금까지 고도 성장기를 거치면서 탑다운 방식의 경영과 일하는 방법이 시장에서 긴요하게 작동한 게 사실이야. 만들면 팔리고, 팔리는 만큼 성장하는 사회에서 기업의 조직은 세분되어 주어진 일만 열심히 하고 시간 내에 처리하면 되었지. 그러나 성장이 둔화하고 경쟁이 치열해지면서 경제의 주도권은 생산자에서 소비자로 이동했어. 이때부터 상품의 질이 높아지고 서비스가 생산되기 시작했으며 창의성이 필요해졌고, 급기야 소비자의 의견을 생산에 반영하는 상황이 되었어. 곧 지금처럼 끊임없이 고객의 가치를 만들어내지 않으면 안 되게 되었고, 결국 우리가 생산하고자 하는 모든 상품(서비스 포함)의 가치는 고객 중심이 되어야 하는 거야. 고객이 시장이고, 고객이 답이고, 고객이 답을 가진 사람이기 때문이야.

자리만 지키니까 고객을 모르지

그대, '우문현답'이란 말 들어봤지? 우리들의 문제는 현장에 답이 있어. 내 일의 모든 문제점, 조직의 모든 현안에 대한 답은 현장 즉, 고객이란 얘기야. 그대가 쉽게 의사결정을 하지 못하는 것은 그대가 현장을 모르고 책상머리에서 답을 찾고 있기 때문이야. 제발 그대의 몸과 정신을 자리에 묶어 놓지 말고 자유를 줘. 자유가 창의성을 만들고 새로운 가치를 생산한다는 걸 알아야 해. 선진화된 기업들이 직원들에게 더 많은 자유를 주는 건 그들이 자유롭지 못하면 아무것도 만들어 낼 수 없기 때문이야.

3M의 15%의 룰에 대해 들어 본 적이 있을 거야. 3M의 직원들은 근무시간의 15%에 해당하는 시간을 자유롭게 쓸 수 있는데 새로운 아이디어들이 대부분 이때 나온다고 해. 그런데 이 룰이 지금으로부터 60여 년 전 1949년에 이미 만들어졌다고 하니 왜 3M이 혁신의 아이콘인지 알겠지. 구글은 한 수 더해 20%까지 적용하기도 해. 그대가 불안하고 두려운 이유 또한 새로운 가치를 생산하지 못하는 데 있어. 그대가 새로운 가치를 만들지 못하는 것은 고객을 몰라서 그런 거고, 고객을 모르는 건 현장을 나가보지 않고 자리만 지키고 있어서야. 그러니 당장 현장을 가봐.

그대가 현장을 찾아야 하는 또 다른 이유가 있어. 우리는 빅 데이터 시대에 살고 있고 기업마다 데이터 경영을 하지. 그대도 데이터를 기반으로 일한다고 생각하니 말이야. 그런데 중요한 것은 데이터는 고객이 남기고 간 찌꺼기에 불과하다는 거야. 데이터는 이미 지나간 과거에 불과하지 사건의 현장은 아니잖아. 고객이 존재하는 곳은 사건의 현장이지 그대의 컴퓨터에 쌓여있는 데이터 속에 존재하는 게 아니야. 데이터는 시간이 지난 뒤에 효용성이 있는 듯한 착각이 들게 해. 많은 사람들이 그 착각에 빠져 있어.

지난 추석 명절, 시장에 이상한 현상이 벌어졌어. 그것은 고객이 남기고 간 찌꺼기로 일하는 많은 사람들에게 중요한 메시지를 남겼지. 명절이니 당연히 차례상을 준비하는 식품코너가 붐빌 수밖에 없는데, 그에 못지않게 아이들 장난감이 있는 완구 코너가 붐볐다는 거야. 그보다 더 중요한 것은 마트의 완구 코너나 토이저러스 등 장난감 매장에 지금까지와 다른 새로운 풍경이 생겼는데, 우리의 예상을 깨고 할아버지, 할머니 고객들이 주를 이룬 거야. 보통 장난감 고객 하면 어린이나 그들의 부모로 알고 있는데 실제 구매자는 할아버지, 할머니들이었어. 왜 이런 현상이 생긴 걸까?

그것은 요즘 대부분 부부가 경제활동을 하면서 자녀들을 돌보고 온종일 놀아주는 사람이 할아버지, 할머니가 되었기 때문이야. 그렇다 보니 그들은 누구보다 아이들이 어떤 장난감을 좋아하고 무엇을 갖고 싶어 하는지 잘 알고 사주는 거야. 만약에 그대가 현장을 관찰하지 않고 데이터만으로 일한다면 이러한 고객 변화를 알 수 없어. 지금도 아이들 부모를 상상하며 마케팅하고 모든 비즈니스 포트폴리오를 세우고 있겠지.

《상상하지 말라》(북스톤, 2015.)의 저자이자 빅 데이터의 대가인 다음소프트 송길영 부사장은 어설픈 상상이 비즈니스를 망친다고까지 했어. 그러니 상상하지 말고 현장에서 구매자와 소비자를 관찰하라는 거야. 고객을 상상하지 말고 고객을 관찰하라는 말이지. 관찰이 이루어지는 곳은 그대의 책상이 아니라 현장이야. 수많은 변화와 사건이 일어나는 곳이 현장이고 고객의 감각이 넘실대는 곳도 바로 현장이란 사실을 잊지 마.

뉴스에서 사건 사고 시간에 가끔 현장 검증하는 화면을 보잖아. 사건 현장에서 범행을 재연하여 사건이 사실임을 증명하는 것이지. 어떤 사건도 사건 진술서만으로 영장이 이루어지는 경우는 없어. 반드시 현장 검증을 하게 돼 있지. 사건 진술서는 범인이 남긴 찌꺼기에 불과하기 때문이야. 말하자면 사건 진술서는 그대가 믿고 일하는 데이터와 같은 거야. 중요한 것은 그 범인의 진술서는 대부분 실제와 다른 거짓일 확률이 높다는 데 있어. 그래서 현장 검증으로 사건이 사실임을 증명하는 거야. 다시 말하면 그대의 데이터를 부정하는 것은 아니지만 그 데이터를 보고 상상하는 그대의 생각에 의문을 가져야 해. 의문의 답은 현장에 있고.

입은 닫고 귀는 열어 현장의 소리를 들어

그럼 현장에 모든 답이 있는 것일까? 답은 '그렇다'인데 조건이 하나 있어. 내가 얻고자 하는 목적이 명확해야 한다는 거야. 나도 한

때는 맹목적으로 현장에서 답을 찾으려고 한 적이 있어. 많은 기업이 현장경영을 외칠 때 나도 뒤질세라 틈만 나면 현장으로 달려갔지. 그런데 항상 돌아올 땐 답은 고사하고 답답함과 화만 남는 거야. 내가 왜 현장을 가나 싶기도 하고. 무엇이 문제인지를 깨닫고 보니까 웃음이 나는 거 있지. 남들이 장에 가니까 나도 따라 장에 간 격이었어. 현장에 가는 이유도 목적도 없이 말이야. 그렇다 보니 현장에 가면 현장 직원들의 문제점만 보여서 짜증만 나는 거야. 화를 내니까 직원들은 입을 닫고 나는 청각 장애인이 되었고. 당연히 답답함만 남을 수밖에. 나에게는 현장에 가는 소중한 이유와 목적이 없었던 거지. 이후 현장에 갈 때면 꼭 내 목적을 가지고 가기 시작했어. 그리고 입은 닫고 귀는 열고 있지. 내가 말하는 만큼 현장의 소리를 들을 수 없단 사실을 깨달았으니까. 사실 문제점은 개선하고 부족함은 채워주면 되는데 왜 화를 먼저 냈을까 하는 후회가 되더라고.

그럼 현장에 가는 이유와 목적은 어디에 있을까? 그것은 그대가 매일 보는 데이터에 있어. 이렇게 생각해봐. 현장은 살아 움직이고 살아 움직이는 고객의 활동성 결과가 데이터지. 그러니 데이터는 단 하루도 바뀌지 않은 적은 없어. 이 변화되는 데이터에 이상 현상 또는 내 업무에 영향을 미치는 데이터를 찾아 추이를 보면 고객의 동선이 그려져. 고객의 동선에 기복이 보이는 걸 찾으면 그 숫자가 내가 현장에 가는 목적이 될 수 있어.

목적이 생기면 바로 현장으로 가서 데이터와 연결되는 모든 현장의 상황을 관찰하는 거야. 데이터의 변화 추이가 만든 고객의 활동성 즉, 동선과 실제 현장에서 고객 동선의 사실성을 확인하는 것이지. 현장 검증으로 생각할 수 있어. 이때 중요한 것은 현장에서 고객의 소리를 듣고 고객과 접점에 있는 현장 직원들의 소리를 들어야 해. 사건의 증인은 그 사건의 판결을 내리는 데 중요한 영향을 미치잖아. 눈이 가질 수 있는 일시적인 착시현상을 귀로 보완하라는 거야.

그리고 한쪽 눈에는 현미경, 다른 쪽에는 망원경을 쓰고 관찰하는 거야. 그대도 알다시피 초스피드 시대를 사는 우리에게는 당장 상황을 개선하고 가치를 창출하고자 하는 미시적인 측면도 있지만 미래 고객의 가치를 상상하며 준비해야 하는 거시적인 면도 있잖아. 고객이 움직이는 동선을 그리며 앞으로 고객이 어떤 방향으로 갈 것인지를 예측하는 것이 상상력이야. 그 상상력을 내 비즈니스 영역으로 받아들이면 그것이 창의력이 되고 새로운 기준이 되지. 그대의 창의성까지도 현장에 있는 거야.

나는 그대가 무엇을 하고 무엇을 원하든 답은 오직 현장에 있다는 것을 명심하고, 일과 직장이 두려움의 대상이 아니라 놀이의 대상이 될 수 있다는 것을 경험하길 바라. 경험이 바로 그대야.

글자샵 표명

몽골 족에는 대대로 내려오는 '야생마 길들이기' 전통이 있다. 이때 고삐와 채찍을 쥐고 놓지 않는 것이 가장 중요하다. 시간이 지나면 그렇게 날뛰던 야생마도 길들어 그들에게 공헌한다. 일도 야생마와 같다. 일의 고삐와 채찍을 잡고 절대 놓아서는 안 된다. 일에서 고삐가 생각이라면 강점은 일을 다스리는 채찍이다. 일도 고삐와 채찍을 놓지 않고 시간을 보내면 순종한다. 일이 나에게 와서 공헌하는 것이다.

1. 일을 대하는 자세를 바꿔라.
- 수동적으로 대하지 말고 능동적으로 받아들여야 한다. 이 일로 내가 성장한다고 생각하는 것이다.
- 일을 대할 때는 예술가처럼 해야 한다. 그때 일은 자기의 일이 된다.

2. 퇴근 시간을 준비하라.
- 퇴근 시간, 하루를 마무리하며 중요한 일의 키워드를 내 안에 품고 퇴근하라. 내 안에서 계속 그 생각을 하게 하는 것이다. 좋은 아이디어는 그때 만들어진다. 그래야 창의적인 사람이 되고 가치의 생산자가 된다.

3. 강점이 작동되게 하라.
- 그 일이 어떤 일이든 타고난 재능을 활용하는 것이다. 여기서 중요한 것은 전체를 이해하고 자기의 강점이 작동되게 해야 한다.

마음이 만 인간관계 처세술

답 2

길을 가다 보면 맞은편에서 오는 사람을 만날 때가 있다. 나는 그 사람이 걸어온 길에 대해 알지 못한다. 나는 내가 지나온 길에 대해서만 알 뿐이다. 그러므로 그 사람과의 만남을 통해서만 반대편 길에 대해 알 수 있다. 나와 너라는 인간관계도 그렇다. 나는 내 삶의 경험만을 알 뿐이고, 다른 사람의 삶에 대해서는 잘 알지 못한다. 그러므로 타인의 삶에 대해서는 그 사람과의 만남을 통해서만 알 수 있다.

관계에 대해 구본형의 《세월이 젊음에게》(청림출판, 2008.)보다 잘 표현된 글은 없을 것이다. 관계란 타인의 삶에 개입하는 게 아니라 상대방의 삶을 받아들이는 것이다. 받아들임이 있을 때 비로소 관계가 형성된다. 결국 관계란 최소한 두 사람이 시간을 함께 나누면서 사용하는 것이다.

　직장은 한마디로 '여러 관계 속에 시간을 함께 나누는 곳'이다. 상사와 부하, 선배와 후배, 동기 등 내적 관계는 물론 협력관계, 고객과의 관계 등 외적 관계가 있으며 일은 모든 관계 속에서 작동한다. 이 관계에는 이해(利害)가 없어야 한다. 상사와 부하의 관계가 채움의 관계가 되어야지 한쪽이 희생되어서는 안 되고, 선배와 후배의 관계도 이끌어주고 서로 배움이 되어야지 출세의 발판이 되어서는 안 된다. 동료 관계도 초심을 잃지 않고 서로 격려하고 건전한 비판을 통해 함께 성장하는 관계가 되어야지 시기하고 질투하는 경쟁 관계가 되어서는 안 된다. 그뿐만 아니라 외부 협력 관계의 회사도 갑을 관계가 아니라 동반 성장하는 관계가 되어야 한다.

가난함은 관계 속에 있지 못한 상태야

진정한 관계란 이해(利害)가 개입되지 않은 상태를 말한다. 이해가 개입되면 한쪽의 희생을 요구하기 때문이다. 그러면 확장이나 성장이 아니라 권력과 부의 이동이 이루어질 뿐이다.

　좋은 관계는 이로움의 확장이다. 이런 이로움이 바로 관계성 자산이다. 지금까지 '가난함'이 갖지 못한 상태였다면 이제는 관계 속에 있지 못한 상태가 될 것이다. 관계성 자산의 효율적 가치는 서로에게 이로움의 대상이 되는 것이다. 다른 사람이 내 성공을 진심으로 돕게 하고 나도 상대의 성공에 도움을 주는 것 즉, 내 역량이 상대방에게 좋은 영향을 미치고 상대의 장점이 내 단점을 채워 서로 원하는 바를 얻는 것이다. 중요한 것은 관계성 자산의 효율적인 가치는 나로부터 생산된다는 사실이다. 내가 먼저 매혹적인 사람이 되어야 한다. 매력이란 우리 내면에 있는 요소 중 가장 아름답게 빛나는 것이다. 그것은 착한 마음일 수도 있고, 부드러운 카리스마일 수도 있고, 아름다운 노래일 수도 있고 웃음을 주는 유머일 수도 있다.

또한 이로움의 확장은 배움이다. 내가 먼저 배움의 대상이 되어야 한다. 그러기 위해서는 좋은 경험을 많이 쌓고, 지적 활동을 지속해야 하고, 생각이 깊어져야 한다. 내 안이 흥미진진한 이야기로 가득 채워져 있어야 비로소 누군가에게 배움의 대상이 될 수 있다. 내가 먼저 좋은 교과서가 되어야 그 교과서를 통해 배움을 얻고자 하는 사람을 만날 수 있다. 이때 배움은 순환되고 이로움의 확장이 이루어진다. 관계란 그런 것이다.

우리는 흔히 성공했기 때문에 사람들이 모인다고 생각한다. 그러나 성공한 사람은 늘 자기 곁에 성공에 꼭 필요한 사람들을 끊임없이 불러 모은 덕분에 성공한 것이다. 직장과 사회에서 성공하고 풍요롭고 행복한 삶을 살고 싶다면 좋은 관계를 맺어야 한다. 제아무리 운과 실력을 겸비한 사람이라도 혼자서는 쉽게 성공하지 못한다. 아무리 훌륭한 탐험가라도 뛰어난 셰르파, 유능한 베이스 캠프 요원의 지원 없이는 정상에 오르기 어렵다. 직장이든 사회든 정상에 서고 싶다면 먼저 좋은 사람과 좋은 관계를 맺어야 한다. 관계의 중요성이 여기에 있다.

양사와 판게가 좋아져 진에게

불후의 명곡 〈만남〉이란 노래를 알지?

> 우리 만남은 우연이 아니야/ 그것은 우리의 바램이었어
> 잊기엔 너무한 나의 운명이었기에/ 바랄 수는 없지만 영원을 태우리
> 돌아보지 마라 후회하지 마라/ 아 바보 같은 눈물 보이지 마라
> 사랑해 사랑해 너를 너를 사랑해

이 가사만큼 상사와의 만남을 잘 표현한 것은 못 봤어. 물론 이 노래는 연인을 얘기했지만 연인과 상사는 닮은 부분이 많아. 상사와의 만남은 우연이 아니라 운명이고, 바랄 수는 없지만 함께 근무하는 기간만큼은 영원을 태워야 하고, 운명이니 돌아보고 후회할 일이 아니야. 바보같이 눈물만 보일 수는 없고 진심이든 진심이 아

니든 함께 있는 시간은 사랑해야 하지. 어째 지금 그대의 마음을 그대로 표현한 것 같지 않아? 그대가 비록 회사는 고르고 또 골라 선택했지만 상사를 고를 수는 없기에 상사와 만남은 운명이라고 하는 거야.

결국 운명이란 받아들여야 하는 거잖아. 그대의 운명을 받아들이듯 상사와의 관계도 받아들여야 해. 그래야 좋은 운명으로 바꿀 수 있지. 그러기 위해서는 먼저 운명의 대상인 상사에 대한 이해가 필요한 거야.

잠깐! 상사를 알기 전에 회사와 상사의 관계부터 알아야 해. 회사는 사람이 아니라 조직이고 상사는 회사의 대리인이지. 그러니 회사는 그대의 편이 아니야. 나와 상사 사이에 문제가 발생하면 회사는 회사의 대리인인 상사의 손을 들어줘. 상사가 옳고 훌륭해서가 아니라 그에게 부하를 관리하고 통제할 권한을 주었고, 그가 무너지면 조직의 통제력이 의심받기 때문이야. 그러니 내가 옳다고 회사가 내 편을 들어주리라 기대해봤자 소용없어. 상사는 회사의 대리인이다! 이것이 상사를 이해하는 객관적인 출발점이야.

그대와 소원한 상사가 어떤 사람인지는 잘 모르지만 상사 중에는 좋은 상사와 나쁜 상사가 있는 건 사실이야. 좋은 상사, 나쁜 상사라는 말을 흑백의 관점이 아니라 이해의 관점에서 봤으면 좋겠어. 이해해야 상사의 진심을 조금이라도 알 수 있으니까.

그대의 상사는 가장 가까운 고객이지

좋은 상사란 어떤 상사일까? 한마디로 말해 후배의 성장에 관심을 두고 배려하며 애써주는 사람이야. 지금 비록 그대와 관계가 소원하지만 다른 후배들의 성장을 위해 노력하는 사람이라면 나는 좋은 상사라고 말하고 싶어. 자기가 성장하기 위해 부하를 세워주는 상사는 훌륭한 상사야. 사실 나도 후배들이 나와 함께 근무하는 것을 행운으로 만들어주려고 노력하지. 그렇다고 내가 네 잎 클로버쯤 된다는 이야기는 아니야. 부하 직원들이 하고 싶어 하는 일을 적극적으로 지원하고, 할 수 있는 일을 찾아 적합한 사람에게 기회를 만들어주려고 노력한다는 뜻이야. 물론 모두가 내 마음을 알지는 못하겠지. 그대가 상사와 소원하듯 말이야. 그러나 상사가 함께 성장하려고 하는 사람이면 분명 좋은 사람이야. 이런 상사와의 관계는 적극적으로 풀어야 해. 푸는 방법은 뒤에서 얘기하지.

그럼 나쁜 상사는 어떤 상사일까? 좋은 상사의 반대가 되겠지만 더 친절하게 말하면 두려워하게 하고 자존심을 상하게 하고 지치게 하면서 의욕을 잃게 만드는 상사라고 할 수 있어. 이런 사람과 근무하면 하루에 몇 번이고 그만두고 싶은 생각이 들지. 그러나 나쁜 상사가 모두에게 나쁜 사람은 아니야. 나쁜 상사 또한 누군가에게는 좋은 사람일 것이고 집에서는 분명 좋은 가족일 거야. 그러니 사실 좋은 상사, 나쁜 상사는 모두 관계 속에 있는 거야. 그대도 알다시피 관계란 만들어가는 거잖아. 우리는 얼마든지 좋은 관계로 만들 수 있어. 지금 만난 운명의 상사를 좋은 관계로 만들어가는 것도 그대의 몫이야.

그러기 위해서는 상사에 대한 인식의 본질적인 전환이 필요해. 먼저 상사는 그대의 가장 가까운 고객이야. 생각해봐, 회사에서 그대를 평가하는 사람은 바로 그대의 직속 상사잖아. 그대와 관계가 소원한 상사가 바로 그대를 평가하고 있음을 직시해야 해. 그대의 성장은 상사가 쥐고 있다고 해도 과언이 아니지.

그대는 우리 회사 성장의 키를 누가 갖고 있다고 생각하나? 바로 고객이야. 그래서 우리는 항상 고객 중심으로 생각하잖아. 그렇다면 그대의 상사는 가장 가까운 고객이지. 그대에게 일을 주고, 근무 상황을 만들어주고 능력을 평가해주는 최고의 고객이잖아. 그러니 그대 또한 상사에 대해 가치 중심적인 생각을 해야 해.

그리고 사실 상사는 동업자야. 물론 동업은 형제하고도 하지 말라고 했지만 앞서 말했듯이 상사하고의 동업은 운명이야. 이 운명적인 동업이 성공하기 위해서는 지켜야 할 게 있어. 첫째는 신뢰야. 그대는 직장에서의 신뢰란 무엇이라고 생각하는가? 그것은 일을 잘하는 거야. 상사가 부하에게 일을 시킬 때는 신뢰하기 때문이지. 그럼 부하 직원은 그 일을 잘하여 믿음을 주어야 하고. 결론은 서로 신뢰하기 위해서는 일을 잘해야 하는 거야.

다음은 상호보완성이 있어야 해. 누구든 완벽할 수는 없으니 서로 보완하여 함께 성장하는 것이지. 그대가 결혼하기 전에 내가 그대에게 해준 말을 기억하는지 모르겠어. 결혼은 서로 부족하니까 하는 것이라고 했지. 상대의 단점을 탓하지 말고 그 단점 때문에 내가 이 사람을 만났구나 생각하고 단점을 채워주며 하나가 되라고. 부족하지 않고 완벽하면 누구도 결혼하지 않을 거야. 이렇게 생각하면 연민을 넘어 애정이 생기고 비로소 하나가 되지. 사람의 관계란 그런 거야. 상하 관계도 서로 보완 관계가 된다면 가장 좋은 관계로 발전할 수 있어.

그리고 상사는 반드시 보복한다는 것을 알아야 해. 상사는 부하

직원에게 모욕을 당하면 절대로 그냥 두지 않아. 사람들 대부분은 누군가에게 모욕을 당하면 보복을 생각하지. 상사도 사람이고 힘을 가지고 있으니 보복하기 쉬워. 그래서 비록 직속 상사가 아니라도 절대 상사에게 모욕감을 주어서는 안 되는 거야. 우리는 순환보직을 통해 언제라도 만날 수 있고 사석이든 공적인 자리든 상사는 언제라도 그대에게 보복할 수 있다는 것을 잊지 마. 어떤 경우든 절대로 상사가 나의 적이 되게 해서는 안 돼.

불편한 관계를 개선하겠단 결심이 먼저야

그럼 이미 소원해진 관계는 어떻게 풀 수 있을까?

비록 소원한 관계 속에는 나와 상사가 있지만 개선의 실마리는 내 안에 있어. 그러니 먼저 자신과의 화해가 필요해. 가장 먼저 자신을 설득해야 하지. 일하다 보면 상사와 의견이 달라 격론을 할 수 있고, 이견으로 서로 안 좋은 감정을 가질 수도 있어. 하지만 매일 만나 일해야 하는 상사와 불편한 관계를 풀려고 하지 않는 것은 그대의 오만이야. 그러니 오만한 자신을 설득하여 불편한 관계를 개선하겠다고 결심하는 게 우선이야.

둘째는 두려움을 이기는 용기를 갖는 거야. 화해하기로 마음을 먹어도 '거절당하면 어떡하지, 자기 마음을 알아주지 않으면 또 어떡하지, 그냥 이대로 지내면 되는데 괜히 긁어 부스럼 만드는 거

아닐까? 조금 남은 자존심마저 무너진다면….' 이런 두려움으로 화해의 문 앞까지 갔다 되돌아오는 경우도 있어. 화해하러 가기 전에 이런 두려움과 의심의 정체들을 하나씩 생각해보면 어떤 것은 지나친 기우였다는 걸 깨닫게 돼. 두려움이나 의심은 마음속에 있을 때 가장 무서운 거야. 일단 밖으로 끄집어내 빛을 보면 그 정체는 생각보다 작아져.

셋째는 도와줄 사람을 찾는 거야. 화해를 청하는 것은 어려운 일이야. 힘든 결정을 했으니 내면의 저항을 이기고 용기를 낼 수 있도록 그대를 격려해주고 지지해줄 선배나 동료를 찾아 도움을 받도록 해. 가능하면 상사와 관계가 좋고 그대하고도 좋은 관계의 선배나 동료면 좋지.

넷째는 실천하는 건데 마음이 흔들리기 전에 당장 연락하거나 찾아가는 거야. 그리고 어색한 분위기에 압도당하지 않도록 바로 본론으로 들어가. 나에게 책임이 있는 건 분명하게 사과하고, 상사의 잘못에 대한 내 느낌을 말하는 게 좋아. 이때 상사가 비난받는다는 느낌이 들게 하거나 고쳐야 할 일처럼 조언하는 태도는 상사의 자존심을 건드려서 오히려 관계를 악화시킬 수 있으니 조심해. 그리고 진솔하게 "팀장님(과장님) 사랑합니다. 팀장님과 오래 함께하고 싶습니다"라고 하거나 "많이 부족합니다. 팀장님께 많이 배우고 싶습니다. 잘못하면 꾸짖고 이끌어주세요"와 같은 문장들을 적절하게 그리고 진실하게 사용한다면 어떤 상황에서도 좋은 관계로 만들 수 있을 거야.

우리가 아무리 관심과 애정은 받을 때보다 줄 때 더 고귀한 가치가 있다고 주장해도 받은 것 이상으로 주는 사람은 많지 않아. 특히 대부분 상사는 받은 것 이상을 주려고 하지 않는다는 걸 알아야 해. 우리가 상사에게 바라는 것들 즉, 관심을 두고 인간적인 호감을 표시해주고 공을 인정해주고 적절한 칭찬을 해주는 것을 먼저 상사에게 제공해봐. 그리하여 직위의 벽이 이러한 건강한 가치의 흐름을 막지 못하게 해. 나는 직위의 벽이 무너지고 수평의 문화 속에 위계와 질서가 있는 관계가 가장 아름다운 관계라고 생각해. 그대의 생각도 물론 다르지 않겠지?

무엇보다 어떠한 경우라도 상사는 부하를 믿고, 부하는 상사를 신뢰하는 아름다운 문화가 지속 가능한 기업으로 가는 길이란 것을 잊어서는 안 돼. 그 길이 우리가 함께 만들어가는 희망이야.

그리고 상사는 반드시 보복힌다는 것을 알아야 해. 상사는 부하 직원에게 모욕을 당하면 절대로 그냥 두지 않아.

그곳이 어디든 좋은 사람들과 좋은 일을 하며 지내는 것은 모두의 희망이지만 현실은, 세상의 조직은 그리 만만하지 않고 정반대로 만나는 경우가 대부분이지. 특히 회사란 곳은 내가 선택하여 들어오기는 하지만 조직에서 내가 선택할 수 있는 것은 지극히 제한적이야. 내 전공과 무관하게 처음 내게 주어지는 일이 그렇고, 생면부지로 만나는 선배와 상사가 그렇거든. 사실 직장에서 일, 선배, 상사가 전부라고 해도 과언이 아니잖아. 다행히 처음 만난 선배나 상사가 훌륭하여 따르고 싶은 멘토로 삼을 수 있으면 좋지만 지금 그대가 그렇듯이 그럴 확률은 극히 낮아.

처음 부서에 배치되면 선배란 사람은 중요한 일은 제외하고 사소한 일만 시키고, 팀장은 매일 실적만 부르짖으며 나를 평가하듯이 바라보는 현실에서 아무리 훌륭한 선배나 상사라고 해도 그대에게는 그렇게 보이지 않을 거야. 그러니 그대가 멘토를 찾아 헤매는 게 당연하지.

그런데 한번 잘 생각해봐. 진짜 내 주변에 그런 사람만 있을까? 만약 그렇다면 그 원인은 그대에게 있을 것이고, 그렇지 않다면 누군가는 그대에게 관심이 있는 거야. 그 사람의 표현을 그대가 느끼지 못했을 뿐이지. 그러니 좋은 멘토를 찾는 것보다 먼저 그대에게 보이지 않게 사랑을 주는 선배나 상사를 찾으라고 권하고 싶어. 이미 그 사람은 그대의 역량과 성장 가능성을 알고, 보이지 않게 그대에게 좋은 영향을 미치고 있을 거야. 직접 표현은 하지 않지만 나의 앞을 가로막는 것을 치워주고, 일을 강요하고 지시하기보다 한 번쯤 권유하여 나를 배려해주고, 내 일에 관심을 보이며 어깨를 다독여주는 선배가 분명히 있을 거야.

멘토를 레디메이드하라

나는 몇 년 전 TV에서 우연히 〈위대한 탄생〉이란 프로그램을 봤어. 오디션으로 신인 가수를 뽑는 프로그램인데 아마 그대도 봤을 거야. 나에게는 사실 그 프로그램은 신인 가수의 탄생이 아니라 국민 멘토 김태원의 탄생을 보는 느낌이었어. 지금도 김태원의 마지막 한마디를 기억해. 그는 탈락하는 손진영에게 이렇게 말했지. "손진영의 인생에는 후렴만 있다. 하지만 1, 2절이 있기에 후렴이 더 아름다운 것이다. 앞으로 살면서 1, 2절을 만들어라. 당신의 후렴은 누구보다 아름답다." 그리고 김태원은 더 이상 〈위대한 탄생〉에서 만나지 못할 손진영과 양정모가 부활 콘서트 엔딩 무대를 장식하도록 배려해줬어. 그 순간 나는 김태원이 이 시대의 '진정한 멘토'라고 생각했지. 그 후 멘토에게 선택받는 것조차 어려웠던 손진영이 점차 여러 프로그램에 출연하며 발전하는 모습을 봤어. 멘토는 그런 거야. 지금은 조금 부족하지만 재능을 알아주고 발전 가능성이 현실이 되도록 보이지 않게 영향을 미치고 배려하며 응원하는 사람이야. 시인 나태주가 본 풀꽃처럼. "자세히 보아야 예쁘다/ 오래 보아야 사랑스럽다/ 너도 그렇다" 그러니 곰곰이 생각하고 자세히 찾아봐. 분명히 그대 옆에 그런 멘토가 있을 거야.

    그렇게 찾아도 안 보일 만큼 그대 주변에는 멘토가 없을까? 그렇지는 않을 거야. 아마도 그대가 만나지 못했다기보다 그런 사람과 관계를 맺지 못했다는 표현이 맞지 않을까? 결혼을 못 한 사람이 아직 괜찮은 사람을 만나지 못했다고 말하지만 많은 주변 사람들이 좋은 사람을 만나 결혼을 하는 것을 보면 좋은 사람이 없는 게 아니라 아직 그런 사람과 관계를 맺지 못한 것이라고 할 수 있어. 아직 그대가 좋은 멘토를 만나지 못한 것도 좋은 선배나 상사가 없는 것이 아니라 그런 좋은 선배나 상사와 관계를 맺지 못한 게 아닐까? 애써 멀리서 찾으려 하지 말고 그대 주변에서 아름다운 사람, 빛이 되어줄 사람과 관계를 맺는 것이 더 바람직하다고 생각해.

이런 측면에서 생각해보면 어떨까? 나는 마르셀 뒤샹의 〈샘〉(1917)이란 작품을 《예술수업》(오종우 저, 어크로스, 2015.)이라는 책에서 봤어. 예술에 대한 지식이 전무한 내가 이 작품에 관심이 있는 이유는 그대도 알겠지만 화장실의 소변기를 옮겨놓고 예술작품이라고 하고 있기 때문이지. 그동안 예술작품은 예술가가 오랜 작업 끝에 새로 만들어내는 것으로 여겨졌어. 그런데 뒤샹은 이미 존재하며 일상에서 자주 사용하는 물품을 작품이라고 우기며 이러한 자기의 작업을 레디메이드(ready-made)라 칭하고 그토록 많은 예술가를 통해 익숙해진 방식에 대항해 우수한 손재주나 능력보다는 '선택'이라는 정신적인 행위가 예술의 본질이라는 미학적인 고찰을 염두에 두도록 허락한 거야. 일상을 연상시키는 기성품으로 견고한 일상의 벽을 허물었지. 그 뒤 현대예술은 레디메이드의 성질을 띠며 전개되었어. 참고로 〈피카소의 황소 머리〉(1942)란 작품을 보면 좀 이해될 거야.

이미 만들어진 기성품에서 아름다움을 발견하는 것도 예술이란 말이지. 어떤 대상물도 예술가의 관심과 창조 행위에 따라 그 본질이 달라진다는 논리인데 화장실의 변기도 갤러리에 놓이는 순간 그 본질이 변하게 된다는 거야. 다시 말해 이미 존재하는 것에서 아름다움을 발견하는 일이 바로 예술이며 그렇게 발견된 대상은 예술품이 된다는 거야. 멘토 역시 누가 소개해주거나 먼 데서 찾을 게 아니라 레디메이드하라는 말이야. 함께 근무하는 그대의 주변에서 훌륭한 멘토를 발견해봐.

좋은 멘토의 특징은 학습하는 습관

멘토에 대해 조금 더 언급한다면 나는 한마디로 "멘토는 스승이다"라고 말하고 싶어. 우리에겐 선생은 많아도 진정한 스승이 없었던 게 사실이잖아. 너도나도 가르치려고만 했지 바르게 이끌어준 스승을 만난 경험이 없어서 지금 그대가 멘토를 찾지 못하고 헤매는 건지도 몰라. 좋은 멘토의 기준이 따로 있는 건 아니지만 지금까지 경험으로 그대에게 좋은 멘토의 특징을 몇 가지 말해볼게.

먼저 좋은 멘토란 촛불과 같은 사람이야. 자신을 스스로 태워 주위를 밝히며 다른 사람을 빛나게 하는 사람 말이야. 무슨 말을 안 해도 그 사람의 삶이 배움이 되는 사람이 멘토라고 할 수 있지. 서산대사가 하신 말씀이 있어. "눈길을 밟으며 들판을 걸어갈 때 함부로 어지럽게 걷지 마라. 오늘 내가 남기는 이 발자국은 뒤에 따라 오는 이에게 이정표가 되리니." 걷는 모습을 보기만 하여도 배움이 되고 내가 선택의 갈림길에 섰을 때 "그 사람이라면 어떻게 했을까?" 하고 물을 수 있는 사람이 곧 멘토야.

다음은 철학과 목적에 충실한 사람이 좋은 멘토야. 일희일비하지 않고 목적에 충실하면서도 질문을 놓치지 않는 사람 말이야. 답을 갖고 일하는 것이 아니라 질문을 통해 답을 찾으며 일하는 사람, 결과를 따지기보다 과정 속의 스토리를 소중히 여기는 사람이 좋은 멘토 중 하나지. 이런 사람은 주관과 객관의 균형을 유지하며 자기의 일을 주도적으로 하면서도 다른 사람에 대한 배려 또한 놓치지 않는 사람이야.

또 하나의 특징은 전체를 보고나서 부분을 보는 습관이 있다는 거야. 숲을 본 후 나무를 보는 데 익숙해져 있지. 이런 사람들은 학습하는 습관을 지니고 있어. 멀리 보고 전체를 볼 힘은 학습하지 않고는 얻을 수 없기 때문이야. 빠르게 변하는 사회에서 시대를 관통하는 힘을 가지려면 오직 학습하는 수밖에 없는데 시대를 대표하는 멘토의 공통된 특징이 바로 학습하는 습관이야. 진정한 멘토는 나에게 무엇을 가르쳐주고 지도해주는 사람이 아니라 내가 그 사람의 그림자가 되어 따르고 배우고 본받을 수 있는 사람이지. 진정한 배움은 지식을 습득하는 것이 아니라 느낌이 곧 배움이 되는 거야. 그런 느낌을 주는 사람이 바로 삶의 스승이고 그대의 멘토지.

그대가 입사하여 나하고 100일 프로그램을 진행할 때 했던 멘토 찾기 과제를 기억하지? 그때 그대는 좋은 멘토에 대해 질문했고 나는 이렇게 답해줬지. "멘토란 배움이 있어야 한다. 그러니 100일 동안 평생을 함께한다는 생각을 가지고 찾아라." 멘토는 그런 거야. 평생을 함께한다는 생각이 있어야 찾을 수 있어. 좋은 스승이 없는 사회에서 좋은 멘토를 찾는 것이 그리 쉬운 일은 아니지. 하지만 분명한 것은 좋은 멘토를 만나기 위한 노력과 간절함이 있다면 그리 어려운 일만도 아니야. "내가 그의 이름을 불러주었을 때 그는 나에게로 와서 꽃이 되었다." 김춘수의 〈꽃〉이란 시처럼 그대의 간절한 부름이 있다면 그가 바로 그대의 꽃이고 멘토가 되어줄 거야.

　마지막으로 아무리 해봐도 그대가 멘토를 찾을 수 없다면 방법은 딱 한 가지가 있어. "훌륭한 아버지가 없다면 그런 아버지를 자신에게서 만들어내야 한다"라고 한 니체의 말처럼 그대 스스로 훌륭한 멘토로 변화해 누군가에게 배움을 주는 사람이 되는 거야. 어쩌면 그것이 그대가 그렇게 원하는 삶일지도 모르잖아. "네가 바로 그것이다"라는 신화학자 조셉 캠벨의 말처럼.
　그러고 보면 지금까지 내가 그대에게 전하고 싶은 것도 그대가 좋은 멘토가 되길 바라는 마음 때문이었는지 몰라. 그대가 찾는 멘토가 바로 그대이기를 소망해.

칭찬에 목마른 그에게

고교 시절 나는 테니스부에 들어갔으나 혹독한 연습이 싫어서 게으름만 피우고 있었다. 그런데도 1학년 여름 합숙훈련에서 시합 정규선수로 뽑혔다. '게으름만 피우고 훈련도 열심히 안 한 내가 왜?' 하고 놀란 가슴을 달래고 있는데 등 뒤에서 3학년 선배가 말을 걸어왔다. "인원수가 부족한 것도 있지만 네가 더 열심히 연습하면 가능성이 크기 때문에 정규선수에 넣은 거야. 성격이 강하니까 선배 팀에 들어와도 잘 견뎌낼 테고, 너라면 해낼 수 있다고 생각해. 정신 차리고 잘해봐."

순간 뭉클해졌다. 놀기만 했는데 이렇게 신뢰하고 기대해주고 있었다니. 다음날부터 매일 연습에 진지하게 몰두하고 휴일에도 코트에 나갔다. 이후 지역대회는 물론 전국대회에서도 좋은 성적을 내기 시작했고, 선배가 졸업하고 나서 부장을 맡았다. 고교 시절은 늘 테니스와 함께였고 테니스로 내 삶이 달라지고 변해갔다. 그것은 선배의 말에서 시작되었다. 그 말이 없었다면 지금의 나는 없었을 것이다.

나는 이 수기를 보면서 후배들에게는 가까이 있는 선배의 칭찬이 가장 효과적이고 중요하다는 것을 알았어. 선배의 격려나 칭찬 한마디가 후배의 일상을 바꿀 수 있는데, 내가 보기에 그대는 후배들에게 업무를 가르치고 조언하는 데만 익숙하지 칭찬에는 인색한 것 같아 펜을 들었어. 이것은 그대의 선배인 내게도 책임이 크다고 생각했기 때문이기도 하고.

얼마 전 〈동물농장〉이란 TV 프로그램에서 보기 드문 사례가 하나 나왔는데, 청둥오리 한 마리가 도심의 건물 옥상에 새끼 6마리를 낳고 애지중지하며 먹이를 물어다 키우는 모습이었어. 새끼 오리가 어느 정도 크니까 큰길 건너 호수로 이주를 시작하는 모습이 눈물겹더라. 옥상에서 뛰어내려 길을 건너야 하는데 아직 날지 못하는 새끼 오리들을 옥상에서 뛰어내리게 하는 엄마 오리의 모습이 감동적이었어. 먼저 뛰어내리고 새끼 오리들을 뛰어내리게 하는데 한 번도 날아본 적이 없어서 두려움에 떠는 새끼 오리들을 향해 엄마 오리가 목청껏 울어대는 모습이 마치 "할 수 있어, 너희들은 충분히 날 수 있고 엄마는 너희들을 믿는다. 그러니 날개를 펴고 뛰어내리기만 하면 돼." 하며 격려하고 용기를 주는 것 같아 감동이었지. 비록 한 마리의 희생이 있었지만 오리 가족은 무사히 호수로 이동을 할 수 있었어. 새끼 오리들이 호수란 삶의 터전으로 갈 수 있었던 이유는 엄마가 물어다 주는 먹이가 아니라 용기를 낼 수 있게 하는 엄마의 격려와 칭찬에 있었어.

어쩌면 후배들에게 지금 필요한 것은 엄마 오리가 먹이를 물어다 주는 것처럼 모르는 업무를 하나 가르쳐주는 게 아니라 그대의 진심 어린 격려와 칭찬이라고 생각해. 그러니 그대의 마음에 칭찬이란 의미를 한번 되새겨봐.

칭찬은 사전적 의미처럼 단순히 좋은 점이나 착하고 훌륭하다고 하는 일을 평가하는 게 아니라 한 사람의 성장에 지대한 영향을 미치는 것은 물론 좋은 관계를 맺는 커뮤니케이션 도구이며 비즈니스 테이블에서도 절대적으로 필요한 요소이기 때문에 기술과 습관화가 필요해. 습관을 가식적이라고 받아들일 수 있지만 칭찬의 기술이 습관화된다면 그 습관은 가식이 아니라 강점이 되는 거야. 좋은 습관 하나가 인생을 바꾼다는 말도 있잖아. 나는 칭찬하는 습관이 인생을 바꿔주는 방법 중 하나라고 생각해.

보이지 않는 데서 하는 칭찬

칭찬은 아무렇게나 하는 것이 아니라 기술이 필요한 거야. 그래서 오늘은 특히 직장에서 칭찬하는 기술에 관해 얘기할까 해.

첫 번째 칭찬의 기술은 칭찬하는 대상은 분명히 있지만 그 대상이 없는 곳에서 칭찬하는 거야.

많은 직장인이 경험하겠지만 당사자가 없는 곳에서 험담하기는 쉬워도 칭찬하는 경우는 극히 드물거든. 험담은 언젠가는 당사자에게 전해져 그로 인해 관계가 나빠지거나 상대가 서운함을 느끼게 되는 경우를 봤을 거야. 그뿐이겠어? 어느 날부터 상사가 그대

를 차갑게 대한다면 99%는 언젠가 그대가 한 험담이 상사의 귀에 들어갔기 때문이라고 생각하면 될 거야. 이처럼 대상이 없는 곳에서 한 험담이 언젠가는 대상에게 들어가듯 칭찬도 언젠가는 대상에게 들어간다고 생각해봐.

예를 들어 많은 동료가 후배 K의 단점을 나열하며 그런 후배와 함께 일하는 그대를 걱정하고 위로할 때, 그대가 K의 장점 하나를 말하며 칭찬했어. 그런데 어느 날 뜻하지 않게 그대의 칭찬이 K에게 전해진 거야. 이후 K가 그대에게 가장 좋은 후배가 되는 건 의심할 여지가 없겠지. 보이지 않는 곳에서 칭찬한다는 게 쉬운 일은 아니지만 칭찬의 영향력 중 가장 큰 자기장을 갖고 있다는 것을 잊지 마.

두 번째는 말없이 칭찬하는 거야.

흔히 칭찬이라 하면 말로 표현하는 것만 생각하는데 잘 들어주는 일도 칭찬임을 알아야 해. 같은 눈높이로 상대의 말을 들어준다는 것 자체가 '자기를 인정해주는구나'라고 생각하게 하기 때문이야. 인정해주는 것만큼 좋은 칭찬은 없지.

그런데 들어줄 때도 몇 가지 지켜야 하는 점이 있어. 먼저 충분히 들어주라는 거야. 간혹 듣다가 아는 얘기가 나오면 말을 자르는 경우가 있는데 끝까지 들어주는 게 중요해. 다음은 적극적으로 경청하라는 거야. 적극적인 경청의 방법은 많은 교육에서 들어봤을 거야. 경청의 '聽'을 보고 이해하고 실천하면 되지. 聽에는 다섯 가지의 뜻이 담겨 있다고 해. 먼저 귀(耳)를 활짝 열어야 하고 말하는 사람의 눈(目)을 보면서 한(一) 사람에게 마음(心)을 집중하면 상대방은 왕(王)이 된 느낌을 받는다는 거야. 그리고 중간중간에 질문하여 내용에도 관심이 있음을 표현하는 것이 좋아. 잘 듣는 것은 상대방이 즉석에서 느끼고 공감하는 리얼한 칭찬이야.

결과보다는 과정을 칭찬해야

세 번째는 존재에 대해 표현하라는 거야.

그대가 지금까지 성장하면서 받았던 가장 좋은 칭찬이 무엇이었고 어떤 표현이 가장 좋은 느낌이 들었는지 생각해봐. 익숙하지 않은 사람은 조금 오글거릴 수 있지만 "네가 내 후배란 것이 나는 참 좋다"라고 말하는 거야. 여기에 어떤 대상을 넣어도 좋아. 연애할 때는 그렇게 많이 쓰는 말인데 우리는 어느 순간 잊고 살지. 하지만 이보다 더 기분 좋은 칭찬은 없을 거야. 연애에 성공하느냐 못하느냐의 차이도 이 말을 사용할 줄 아느냐, 모르느냐의 차이라고 생각해. 좋은 후배를 얻는 방법으로도 이 표현은 아주 좋아. 사실 오글거린다는 말이 생기면서 진실을 표현하는 것이 어색해졌어. 조금 오글거려도 이 표현만큼은 나와 상대 모두 기분 좋은 칭찬이니 꼭 실천하기 바라.

네 번째는 피드백을 해주는 거야.

같은 직장, 같은 부서에서 일하다 보면 선후배 간의 일상은 피드백의 연속일 거야. 그런데 우리 일상을 조금 들여다보면 대부분이 후배나 부하 직원과 상호작용 없이 일방적으로 진행되지. 칭찬이나 격려는 없고 질타와 꾸중만 존재하면서 성장이 멈춘다고 할 수 있어.

경험상 나는 후배나 부하 직원의 일을 대하는 자세를 바꿔주는 방법으로 피드백이 가장 좋다고 생각해. 피드백은 후배가 하는 일의 중요성을 인정해주고, 하는 업무가 어떤 좋은 영향을 미치는지를 표현해줌으로써 자부심을 느끼게 하지. 자기 일에 자부심이 들게 하는 것은 좋은 칭찬이야. 또한 일에 대해 공감할 수 있으며 일을 수용하는 자세에서 협력하는 자세로 바뀌게 돼. 그러니 피드백을 통해 후배의 일이 튼튼하고 강하게 되도록 중간중간 마디를 만들어주길 바라.

다섯 번째는 결과보다 과정을 칭찬하라는 거야.

우리는 일반적으로 어떤 결과를 두고 칭찬을 하는데, 이런 칭찬은 성장으로 이어질 확률이 낮아. 왜냐하면 결과를 갖고 하는 칭찬은 평가에 가깝기 때문이지. 비록 지금 좋은 결과로 칭찬을 받지만 다음에 좋지 않은 결과가 나오면 그때는 질타를 받을 게 뻔해. 칭찬은 일의 결과가 아니라 내용이 되어야 해. 일이란 처음과 끝의 중간 즉, 과정이잖아. 일하는 과정에서 잘하고 좋은 사례를 찾아

흔히 칭찬이라
하면 말로 표현
하는 것만 생각
하는데 잘 들어
주는 것도 칭찬
임을 알아야 해.

그 내용을 거론하며 칭찬해야 진실성을 느낄 수 있어. 서두에서 말했듯이 칭찬이 성장으로 이어지려면 개인의 노력, 아이디어, 창의적인 생산성 같은 사례가 빛이 나게 해야 돼. 그게 가장 긍정적이고 아름다운 성장을 만드는 칭찬이야.

끝으로 칭찬할 때 꼭 주의해야 하는 것 하나만 당부하고 글을 맺을게.

비교하는 칭찬은 안 돼. 그것이 일이 되었든 사람이 되었든 절대 안 돼. "○○이 한 것보다 네가 더 잘했다, ○○보다 네가 더 낫다" 등 우리는 흔히 칭찬하며 실수를 저지르지. 비교 칭찬에는 불필요한 경쟁심을 유발하는 비겁한 속마음이 있어. 이런 칭찬은 성장이 아니라 불신의 조직 문화로 이어져. 그러니 칭찬은 어떤 상황에서도 비교하지 않고 대상 자체에 해야 한다는 걸 잊지 마.

사람을 성장시키고 조직 문화를 바꾸는 데는 칭찬만 한 것이 없고, 사람을 얻는 기술에도 칭찬만 한 것이 없어.
그대, 칭찬에 인색하지 말고 칭찬하는 습관을 지니도록 해.

이번 승진자 명단에서 그대 이름을 확인하고 무척 기뻤어. 무엇보다 기쁜 것은 그대가 리더 그룹에 합류했다는 거야. 처음 입사 때 호기심 가득 반짝이던 눈빛은 물론 이른 아침부터 늦은 밤까지 업무에 열중하던 그대의 의젓한 모습이 선명하게 떠오르는 건 그래서일 거야. 비록 초급 리더이지만 리더의 위치는 지금까지와는 많은 다름을 요구할 거야. 특히 여성 리더로서 그대 스스로 많은 변화를 만들어야겠지.

아직도 우리 사회는 여성에 대한 숱한 선입견이 있어. 그러한 선입견이 생긴 이유는 일하는 방식에서 남성과는 많은 차이가 있었기 때문이기도 해. 일할 때 지나치리만큼 자기중심적으로 보이는 여성들을 종종 봤어. 자기 일만 생각하고 자기 일만 처리하고 자기 일에서 나오는 결과에만 집착하는 모습을 보며 조금 이기적이란 편견을 갖게 된 게 사실이야. 내가 기회 있을 때마다 숲을 생각하고 나무를 보라고 강조하는 것도 우리 회사는 물론 여성의 사회진출이 빈번해지고 여성 리더가 늘어나면서 일하는 방식의 변화가 절대적으로 필요했기 때문이야. 리더는 일하는 방식뿐만 아니라 조직을 보는 시야는 물론 관계를 맺는 방식에서도 다르게 행동해야 해.

가장 중요한 것은 일하는 방식이야. 지금까지는 혼자 일하면서 자기 일만 잘하면 되었지만 이제 협업을 통해 시너지를 높이는 습관을 지녀야 해. 그런데 협업이 그렇게 쉬운 일이 아닌 데다가 지금까지 혼자 하는 데 익숙해져서 이를 바꾸기는 만만치 않을 거야. 습관을 바꾸는 데 가장 중요한 것은 하루를 바꾸는 실천이니 조금 만만한 일(중요한 일은 쉽게 놓지 않기 때문)을 한번 시도해서 효과를 경험해보는 것도 좋은 방법이야.

현명한 리더는 일 하나에 20% 에너지만 써

협업하기 위해서 가장 먼저 해야 하는 것이 일의 공론화야. 지금까지는 하나의 일을 개인별 업무로 나누어 배정하는 방식이었다면 이제는 일의 목적과 목표를 먼저 공유하고 직급을 떠나 그 일에 가장 적합한 팀원이 주관하게 하는 거지. 일의 중심을 만들어주고 연관된 팀원이 협업하는 방식으로 진행하여 집단지성은 물론 외부 변화에 맞춰 팀원의 구성과 업무 내용까지 바꾸는 동적인 협업으로 일의 시너지 효과를 높이라는 거야. 그뿐 아니라 일을 신속하게 처리하는 현명한 리더는 한 가지 일에 굳이 20% 이상의 에너지를 투여하지 않는 사람이야. 나머지는 협업이나 다른 직원들 도움을 통해 정확하고 빠르게 처리한다는 점을 기억하길 바라. 집단지성의 중요성과 그 활용 방식은 그동안 수없이 강조해왔는데 이제 리더의 위치에서 다시 한 번 리뷰해보란 거야. 한 가지 더! 일의 연결성을 찾아. 내가 맡은 담당조직에서 팀으로 그리고 회사의 목표와 비전으로 연결하는 습관을 지녀야 해. 이 연결고리를 벗어나 존재하는 일은 없기 때문이야. 그리고 그렇게 일하는 습관이 일에 대한 주인의식을 갖게 하지. 이때 비로소 사원의 정신에서 기업가 정신으로 발전하고 일을 주도할 수 있는 거야. 리더는 일을 주도할 줄 알아야 해.

다음으로 중요한 것은 스페셜리스트보다 제너럴리스트를 지향하라는 거야. 앞에서 얘기했듯이 여성들은 일하는 방식에서 자기중심적인 면이 강하기 때문이야. 자기 일에 대해서는 누구보다 전문성을 가질 수 있지만 반대로 시야가 좁아져 상황을 정확하게 판단하지 못하고 잘못된 선택을 하는 경우가 많아. 리더의 중요한 역량 중 하나가 정확한 판단과 선택이야. 이제 리더가 된 그대는 좀 더 시야를 넓히고 다양한 지식과 정보를 갖출 필요가 있어.

그리고 리더는 동시에 여러 가지 일을 해야 해. 이건 쉬운 일이 아니니까 자기만의 방법을 찾아 실행하는 것이 좋아. 고전 인문학자인 정민이 쓴《다산선생 지식경영법》(김영사, 2006.)의 '동시에 몇 작업을 병행하여 진행하라'에는 어망득홍법(魚網得鴻法)이 나와. 물고기를 잡으려고 쳐둔 그물에 기러기가 걸린다는 뜻인데, 여러 학문을 통섭하다 보면 뜻하지 않게 새로운 아이디어를 얻을 수 있다는 의미야. 즉, 한 가지 일을 하면서 동시다발적으로 다양한 작업을 병진시키다 보면 지식의 통섭과 업무의 융합으로 창의적인 일을 할 수 있다는 거야. 여러 가지 일을 동시에 하기는 그리 쉽지 않기 때문에 한 가지 일을 진행하는 동시에 새로운 생각이나 아이디어가 떠오르면 사라지지 않도록 끊임없이 필요한 부분을 적고 메모하는 습관이 필요해. '적자생존', 기록하는 자가 살아남는다는 말도 있잖아. 사실 동시에 여러 가지 일을 하는 것은 여성들의 타고난 DNA로 일상에서는 의식하지 못할 정도로 익숙해진 활동성인데 일에는 적극적으로 활용을 못 한다는 게 항상 아쉬웠어. 예를 들어 주방에서 식사를 준비하는 모습이나 아이를 보면서 음악을 듣거나 책을 보는 행동도 그렇고 커피숍에 앉아 음악을 들으며 공부하는 것도 여성에게 더 익숙한 멀티행동이거든. 남성들이 여러 가지 일을 동시에 수행하기 힘들어하는 반면에 여성들이 쉽게 할 수 있는 것은 DNA의 영향이지. 그러니 타고난 역량을 그대의 일하는 습관으로 잘 접목하기만 하면 되는 거야. 많은 재주를 가지란 게 아니라 시야를 넓히고 동시에 여러 가지 일을 컨트롤할 줄 알아야 한다는 말이야.

직장 상사는 빛, 나는 줄기, 후배들은 뿌리

마지막으로 리더가 되는 그대에게 꼭 해주고 싶은 이야기는 관계의 중요성을 알아야 한다는 거야. 먼저 후배와 더 깊은 관계를 맺도록 해. 입사해서 지금까지는 윗사람을 보고 일했다고 해도 과언이 아니잖아. 지시받고 보고하고 평가받는 체제에서는 상사만 보고 일하는 게 당연해. 그러나 리더는 상사한테도 인정받아야 하지만 후배들한테도 존중받는 사람이어야 해. 나무가 성장하는 데 햇빛도 중요하지만 큰 나무로 자라기 위해선 지탱해줄 튼튼한 뿌리도 중요하지. 나도 진급하고 위로 올라갈수록 윗사람을 더 의식하며 후배들과 소원해진 적이 있었어. 그러다가 나무를 보고 지난 시간을 성찰했지.

 조금 오래된 이야기인데 마이크로소프트사 초청으로 시애틀에 갔다가 잠깐 여유가 생겨 밴쿠버의 스탠리파크에 들렀어. 그런데 공기 좋고 아름다운 공원에 아름드리나무가 여기저기 뿌리째 뽑혀 있는 거야. 가이드에게 이유를 물으니 얼마 전에 태풍이 몰아쳐서 그렇다면서 밴쿠버는 겨울에도 영상의 기온을 유지하고 비가 자주 내리기 때문에 나무들이 뿌리를 땅속 깊이 내리지 않는다고 했어. 겨울이 혹독하리만큼 추운 우리나라 나무들이 살아남기 위해 뿌리를 깊이 내리는 것하고는 대조적인 현상이지. 그 얘기를 듣자 마음 깊이 무겁게 밀려드는 알 수 없는 느낌에 한참을 뿌리째 뽑힌 나무를 보고 있었어. 그리고 돌아오는 길에 깨달은 거야. 성장을 위해서는 뿌리가 튼튼해야 한다는 것을.

직장인에게 상사가 빛이라면 나는 줄기고 후배와 부하 직원들은 뿌리야. 뿌리는 줄기의 부분이지만 빛은 그렇지 않지. 빛은 상황에 따라 나를 비춰줄 때도 있고 그렇지 않을 때도 있지만 뿌리는 일심동체가 되어 어떤 상황에서도 항상 나와 함께해. 물론 자신이 어떻게 하느냐에 따라 다르기는 하겠지만 내가 주도하는 관계가 가능하다는 거야. 리더가 된다는 것은 권한과 책임이 같이 생기기 때문에 사원일 때보다 스스로 이겨내야 하는 순간들이 더 많은데 변함없이 오랫동안 힘이 되어주는 견고한 뿌리는 후배들이란 걸 잊지 마.

다음으로 말해주고 싶은 것은 개방적인 네트워크를 가지라는 거야. 여성들의 관계는 너무 한정적으로 이루어져 폐쇄적으로 보여. 물론 사원 신분이라면 끼리끼리 뭉쳐 다니는 재미는 있을 거야. 그러나 리더의 관계는 중요한 사회적 자본임을 알아야 해. 리더는 한 집단에 배타적으로 속하는 것보다 다양한 사람이나 집단과 두루두루 관계를 맺는 개방적인 네트워크를 가지는 게 바람직해. 최근 여성들의 경력단절이나 유리천장 같은 현실적 장벽을 부인할 수는 없지만 그렇다고 이런 어려움 때문에 아예 좋은 경력과 역량을 쌓아갈 수 없는 것은 아니잖아. 가장 좋은 방법이 바로 관계의 확장이야. 개방적인 네트워크로 지금과는 다른 차원의 정보는 물론 다양한 지적 자원을 얻을 수 있고 경험의 노하우를 공유할 수 있어 서로 빛이 되어 더 아름답게 빛나는 성장을 이룰 수 있을 거야. 개방적인 네트워크는 여성 리더가 성장하기 위해서 갖추어야 하는 중요한 역량이니 꼭 실천하길 바라.

정리하면 일은 팀원들과 협업하여 하는 것을 습관화하고 한 가지에 집중하는 스페셜리스트보다 동시에 여러 가지 일을 할 수 있는 제너럴리스트를 지향하라는 거야. 그리고 후배와 부하 직원과 깊은 사랑의 관계를 만들어 어떤 비바람에도 흔들리지 않는 뿌리 깊은 나무가 되고, 개방적 네트워크를 형성하여 역량 있는 좋은 리더로 성장하라는 거야.

이 모든 것은 자신을 닦는 수신(修身)이 바탕이 되어야 해. 내가 먼저 좋은 사람이 되어야 좋은 관계가 만들어진다는 것을 잊지 않았으면 해.

그대가 좋은 리더가 되리란 것을 나는 믿어.

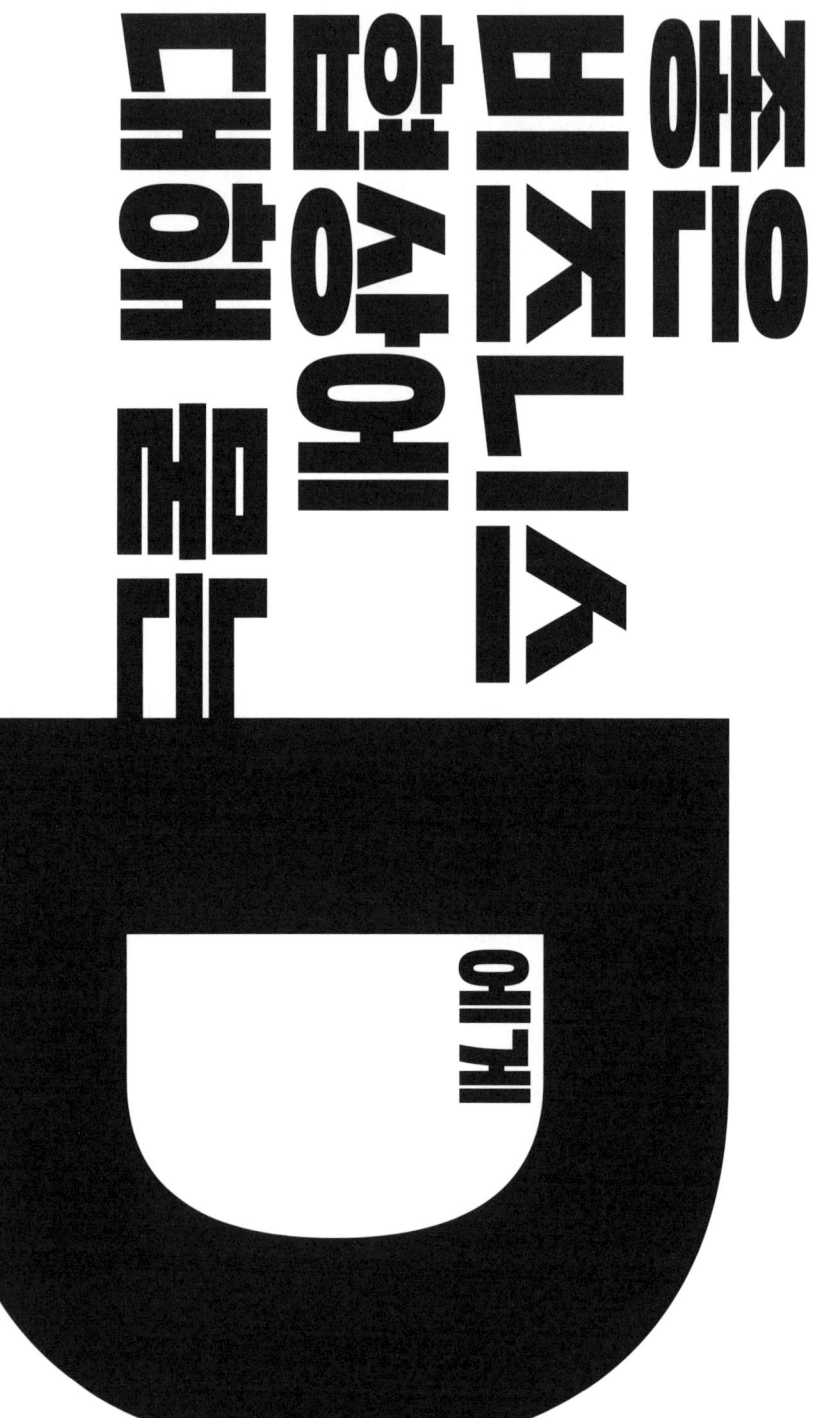

그대에게 이렇게 질문했던 걸로 기억해. 지금 무엇이 중요하고 더 알고 싶은 것이 무엇이냐고. 그대는 한참 생각에 잠겼다가 내게 물었어. 협상에서 어떻게 하면 이길 수 있냐고. 그때 나는 협상이란 이기는 게임이 아니라 성공하는 거라고 답했지. 성공하는 협상 즉, 좋은 협상에 대해 부연 설명이 필요하다고 생각해 펜을 들었어. 모르고 지나치기 쉽지만 우리 일상을 조금만 들여다보면 모든 게 협상의 연장선에서 이루어진다고 해도 과언이 아니야. 집에서, 직장에서 그리고 친구하고 하물며 상대와 오늘 점심 메뉴를 정하는 것도 협상의 연장선이야.

그대는 협상을 무엇이라고 생각하는지 궁금해지는군. 혹시 내가 원하는 것을 최대한 얻어내는 과정을 협상이라고 본다면 그대는 오일장에 돗자리 깔고 장사하시는 할머니보다 못한 생각을 하고 있는 거야.

그대가 부정한다면 내가 본 오일장 할머니의 모습을 간단히 말해주지. 할머니가 펼친 좌판에는 몇 가지의 청과가 있어. 조금 있으니 좌판에 한 아주머니가 다가가 흥정을 하지. 그리고 흥정이 끝났는지 할머니가 검정 비닐에 몇 가지의 청과를 주섬주섬 넣고 나서 하시는 말씀이 좋아. "이문 하나 없이 줬어. 다음에도 꼭 나한테 와야 해." 나는 할머니가 이익 없이 팔았다고 믿지 않지만 협상은 그대보다 잘했다고 봐. 할머니가 최대를 얻어내는 데 집중하는 협상으로 이익을 얻었다면 상대방은 할머니와 절대로 다시 거래하지 않을 거야. 한쪽의 희생을 요구하여 얻은 이익만큼 상대는 손해를 볼 수밖에 없기 때문이야. 이제 조금 이해가 되나? 협상이란 서로 경제적 이익을 극대화하는 일이라는 정의가 어째 조금 부족하다는 생각이 들지 않아? 그래, 좋은 협상은 경제적 이익이 아니라 가치에 있다는 것을 알아야 해.

협상은 귀로 하는 거야

협상은 어제오늘의 이야기가 아니라 인류에게 물질의 잉여가 생겨 물물교환의 형태로 거래가 이루어지면서부터 존재했어. 이때 교환된 물건은 서로에게 절대적인 가치, 즉 없어서는 안 되는 물건들이었기 때문에 상대가 얼마나 필요로 하는지를 알아야 협상에 성공할 수 있었지. 따라서 협상은 단순히 이익을 남기냐 손해를 보냐 하는 게임이 아니라 어떻게 하면 서로 성공하는 거래가 되느냐로 접근하는 게 중요한 거야. 요구보다 욕구에 집중해야 성공적인 협상이지. 그러므로 좋은 협상은 상대의 욕구를 파악하는 데서부터 시작되는 거야.

또 다른 예를 들어볼게. 아이가 평소 때보다 조금 일찍 학교에서 허겁지겁 오더니 "엄마 나 밥 줘!" 했어. 그런데 오늘따라 밥통에 밥이 없는 거야. 그대라면 상전(요즘은 학생이 상전이다.)인 아들 녀석에게 어떻게 얘기하겠나? 그대가 상황에만 집중하여 "밥 없으니 공부하고 있어 그럼 밥해줄게"라고 하면 그날 아들 녀석과의 관계는 말하지 않아도 알 거야. 그대가 아들의 욕구에 집중하여 "지금 밥은 없는데 라면이라도 하나 끓여줄까?" 이렇게 얘기했다면 아이의 기분은 좋아지고 공부에 집중하게 될 거야. 여기서 아이의 욕구는 배고픔이지 밥이 아니란 말이야.

비즈니스 협상에서도 이처럼 욕구를 파악하는 게 중요해. 상대가 거래를 원하든 내가 원하든 상대의 욕구가 무엇인지 먼저 파악해야 협상에 성공할 확률이 높지. 그럼 상대의 욕구는 어떻게 파악할 수 있을까? 모든 협상 테이블은 먼저 상황이 전개되는데 상황의 진행 속에 욕구가 숨어 있음을 알아야 해. 그래서 경청이 무엇보다 중요한 거야. 그다음이 질문이고. 상대의 욕구는 그것을 찾을 질문 한두 가지만 있다면 금방 알 수 있어. 경청하다 보면 이런 질문은 쉽게 찾을 수 있지. 그래서 협상을 잘하는 사람은 말을 많이 하기보다 많이 듣는 편이라고 해. 협상은 사실 입으로 하는 것이 아니라 귀로 한다고 해야 맞을 거야.

　다음으로 협상을 성공적으로 이끌기 위해서 협상에 영향을 주는 히든 메이커를 파악해야 해. 비록 협상 테이블에는 둘이 앉아 있지만 협상에 영향을 주는 히든 메이커는 따로 있기 마련이지.

히든 메이커는 상황에 따라 상사, 동료, 남편, 아내, 친구 등 누구나 될 수 있어. 얼마 전 우리는 남북 간에 3일 동안 숨 막히는 협상이 진행되는 걸 본 적이 있잖아. 그때 남북 협상자는 있지만 의사결정자는 따로 있다는 것은 누구나 알듯이, 히든 메이커는 그만큼 중요해.

내 친구 사례를 하나 더 들어줄게. 환경 평가와 건축 도로 설계를 주로 하는 중소 사업장을 운영하는 친군데, 협상은 낮에 하지만 거래는 대부분 밤에 이루어진다고 믿는 사람이었어. 그런데 매일 밤 술을 먹다 보니 몸이 망가져 상태가 거의 종합병원 수준이 된 거야. 나는 가끔 이 친구 회사의 경영 자문을 해주었는데 그때마다 비즈니스 방법을 바꾸라고 제안했어. 몸 망가지고 효과도 없는데 더 이상 밤에 술을 팔지 말고 문화를 팔라고. 그러면서 영화티켓을 활용하라고 권했지. 영화 프리미엄 상영관 관람권과 호텔 식사권을 한 세트로 선물하라고 추천했어. 접대로 힘들어하던 그 친구가 영화선물 세트를 구매해 술자리를 원하는 거래 상대에게 사모님과 좋은 시간 한번 가지시라며 건넸다고 해. 그랬더니 다음에 만났을 때 뜻밖에도 선물 비용의 열 배 이상 들이며 술을 사줄 때는 한 번도 들어보지 못한 고맙다는 인사를 받았다는 거야. 모처럼 처에게 대접받았다며 최고라고 몇 번이나 인사했다더군. 물론 이후 거래는 두말할 것 없이 잘 되고 관계도 지속된다고 해. 히든 메이커는 상대방의 처였던 거지. 협상 테이블에서 까다롭고 힘들게 하는 상대가 있다면 그의 히든 메이커를 찾아봐. 그리고 그 히든 메이커의 욕구를 찾아 영향을 줌으로써 그 히든 메이커의 보이지 않은 손으로 협상을 유리하게 이끌란 말이야.

창의적인 대안은 파트너십에서 나와

성공적인 협상을 위해 더 중요한 것은 창의적인 대안을 찾는 일이야. 먼저 이해력을 높이기 위해 최철규 협상관리 전문가의 강연 사례를 정리해줄까 해. 프랑스 혁명이란 역사적인 사실이니 그대도 실감 나고 이해가 빠를 거야. 18세기 프랑스는 왕과 특권계층에 대한 불신과 지속적인 식량문제 등으로 혁명이 일어났는데 이때 시민군이 가장 먼저 쳐들어간 곳은 바스티유 감옥이고 그다음으로 간 곳이 왕궁이야. 굶주린 시민군은 왕과 특권층이 그토록 호화스럽게 살아왔다는 사실에 격분해서 왕궁을 닥치는 대로 파괴하는데 이는 왕정의 잔재를 없애버리겠다는 의미였지. 반면에 프랑스의 공무원들은 왕궁을 지키고자 안간힘을 썼어. 이유는 단 하나! 왕궁에 있는 모든 게 역사적 유물이기 때문이었지. 이렇게 왕궁에 있는 게 사라지는 현실이 너무 안타깝고, 그래선 안 된다고 생각한 거야. 결국 왕궁을 파괴하겠다는 요구와 왕궁을 보존하겠다는 요구가 맞섰어. 시민군은 왕정에 대한 반감으로 왕의 독점적 공간인 왕궁이 싫으니 없애자는 거고 공무원들의 욕구는 역사적 유물을 보존하고 싶은 거잖아. 이때 창의적인 대안이 나왔는데 바로 '왕궁을 시민을 위한 박물관으로 만들자'라는 것이었지. 역사적인 유물을 보존하는 동시에 왕의 독점적인 공간을 시민이 소유하고 이것으로 프랑스에서 왕정이 끝났음을 선언할 수 있었어. 그곳이 바로 프랑스에 가면 꼭 가봐야 한다는 루브르 박물관이야.

내가 구매 업무를 맡았을 때 협력업체의 전문성을 잘 활용한 일도 좋은 협상 중 하나로 볼 수 있어. 사실 협력사들의 규모는 작지만 자기 분야의 전문성은 우수하거든. 협력사의 좋은 아이디어를 상품화하는 창의적인 협상도 있는데 이 사례가 그런 경우였어. 그대도 알듯이 영화관의 영사기를 천정에 장착하는 실링 시스템은 협력업체의 전문지식을 바탕으로 해서 앞으로의 영사 시스템이 어떻게 변할 것인지 상상하여 만든 거야. 그리고 협력업체와 장기적인 협상을 통해 그 상상력을 현실로 바꾸었고, 지금은 대부분 영화관이 이 방법을 적용하고 있잖아. 자체적으로는 불가능한 일도 좋은 협상과 파트너십을 통해서는 가능해. 조직이 타이트하게 운영되다 보면 창의적으로 생각하기 쉽지 않다는 걸 알 거야. 이때 협력업체의 전문성을 적극 활용하란 말이야. 혁신적인 아이디어는 작은 회사에 더 많이 있고 이런 혁신적인 아이디어를 적극적으로 받아들인다면 우리의 경쟁력으로 키울 수 있어.

마지막 원칙이 있는데 그건 바로 51 대 49 룰을 지키는 거야. 오일장 할머니의 비즈니스도 지속을 전제로 하듯이 그대의 거래와 협상도 지속을 전제로 하잖아. 그러면 관계 중심적인 협상이 되어야 하는데 이때 지켜야 하는 것이 바로 51 대 49 룰이야. 간단하게 말하면 내가 '갑'이라고 해도 51% 이상 유리함을 취하지 말란 것이고 '을'이라 해도 49% 이하의 비굴한 협상이 되면 안 된다는 거야. 이것이 내가 30년간 직장생활을 하면서 관계와 거래, 협상에서 지키는 황금 룰이야. 이 룰을 지킬 때 관계는 깊어지고 오래 함께 할 수 있는 관계가 만들어진다고 생각해.

금융위기의 파도를 넘지 못하고 무너진 많은 기업 중에 설마 한 기업이 몇 개 있는데 그중 한 곳이 GM(제너럴 모터스)이었지. 누구도 상상하지 못했지만 협력업체들은 알고 있었어. 공룡처럼 비대해진 GM은 손실을 개선하기 위해 협력업체들의 납품 가격을 옥죄기 시작했어. 흔히 말하는 갑질을 제대로 한 거야. 그 영향으로 많은 협력업체가 문을 닫거나 GM을 비난하며 떠나게 되었지. 자기편을 모두 돌아서게 한 GM은 2008년 금융위기가 아니라 이때부터 이미 경쟁력을 잃기 시작했고 위기가 닥쳐오자 위기를 함께 헤쳐 나갈 내 편이 하나도 없어 결국 파산 선고를 받게 된 거야. 관계 중심적인 협상에서는 단기간의 경제적인 이익보다 신뢰나 평판이라는 오래가는 가치가 훨씬 더 중요해. 신뢰를 지키며 착하게 살자는 도덕적인 얘기가 아니라 신뢰와 평판을 중시할 때 오히려 내가 더 많은 것을 얻을 수 있다는 진리지.

세상의 이치가 그런 거야. 오만함은 적을 만들고 나쁜 평판을 낳아 결국 자신을 해치는 결과를 몰고 온다는 것을 잊지 마. 협상의 최고 가치는 신뢰란 것도 말이야.

비즈니스 협상에서도 이처럼 욕구를 파악하는 게 중요해. 상대가 거래를 원하든 내가 원하든 상대방의 욕구가 무엇인지 먼저 파악해야 협상에 성공할 확률이 높지.

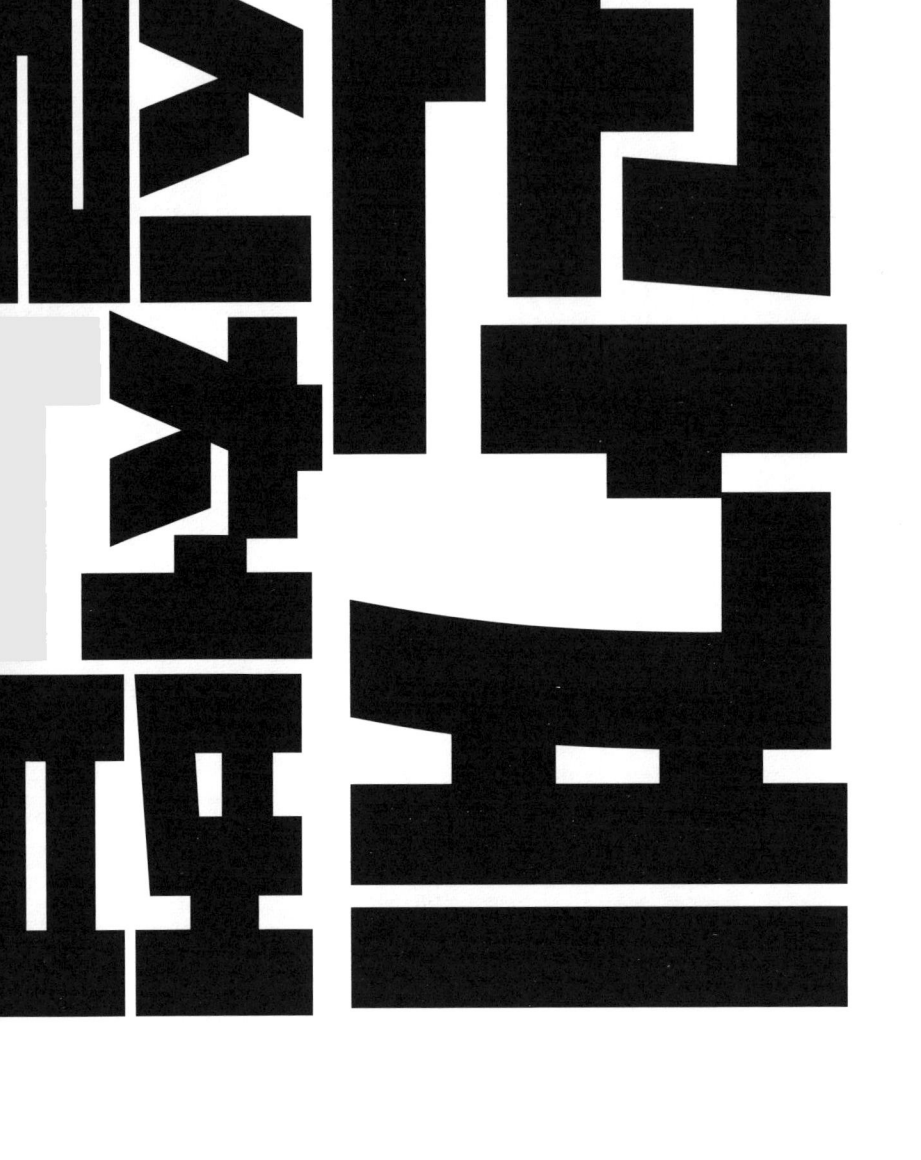

나는 내 삶에 대해서만 알 뿐, 타인의 삶에 대해서는 잘 알지 못한다. 그러나 한 사람의 삶이 그 사람의 경험으로만 끝난다면 재미없는 일이다. 내가 전혀 경험하지 못한 세상을 경험한 사람을 만나는 것은 흥미로운 이야기책과 같다. 궁금함이 생기고 상상을 하게 되고 호기심이 자극된다. 관계란 내가 걸어온 길과 네가 걸어온 길이 서로 만나 연결되고 길이 뚫려 우리가 알지 못하는 길을 알게 되는 것이다. 나는 너로 확대되고 너는 나로 확대되는 것이 관계다. 그렇게 우리는 확대되고 성장하는 것이다. 너와 나의 관계가 그런 것이다.

1. 상사를 나의 가장 열광하는 팬으로 만들어라.

- 수직적이고 수용하는 조직문화에서 상사는 증오의 대상이다. 그렇다고 증오하기에는 너무 중요한 존재다. 그렇다면 증오를 애정의 관계로 만드는 것이 현명하다. 그러기 위해서는 상사의 강점을 봐야 한다. 그리고 단점은 내가 채워 나와 상사의 시너지 효과를 높이는 것이다.

2. 칭찬을 습관처럼 해라.

- 선배의 칭찬 한마디로 후배의 일상이 바뀌고 삶이 바뀌는 것이다. 그러니 칭찬에 인색하지 말고 칭찬의 기술을 익혀 좋은 습관으로 만들어야 한다. 칭찬은 좋은 관계를 맺는 적극적이고 수준 있는 방법의 하나다.

3. 후배들과 관계를 깊이 하라.

- 나무는 빛과 줄기, 뿌리의 작동으로 성장하듯이 직장에서의 성장도 이와 다르지 않다. 상사는 빛이고 줄기는 자신이고 뿌리는 후배들이다. 빛은 바뀌고 가려지거나 떨어져 있지만 뿌리는 나와 붙어있는 존재다. 바람에 흔들리지 않으려면 뿌리가 튼튼해야 한다.

나를 변화
직장생활
지혜

시키는

3

이맘때 되면 많은 사람들이 그러하듯이 후배가 한 해를 보내며 고민에 빠져 내게 이런 메일을 보냈다. "새해의 계획을 세우지만 지나고 나면 하나도 바뀐 게 없어서 이제 계획 세우기도 싫은데 어떻게 해야 합니까?"

많은 사람들이 새해가 되면 경쟁하듯이 떠오르는 해를 보고 마치 모반을 꿈꾸는 신하처럼 비밀스럽게 이루고 싶은 소망과 목표를 세우지만 작심삼일이란 말이 그렇듯이 대부분 며칠 못 가서 원위치 되고 만다. 이런 사람들이 위안으로 삼는 말이 있다. "지금도 아무 문제 없는데 내가 꼭 변해야 하는 이유가 있는 것은 아니잖아. 조금씩 바꾸어가면 되지 않을까?" 물론 맞는 말이다. 그러나 냄비 속의 개구리처럼 최후는 비참해진다. 니체는 "허물을 벗을 수 없는 뱀은 파멸한다"고까지 표현했다. 뱀이란 동물은 성장하면서 수차례 허물을 벗는데 허물을 제때 벗지 못하면 죽는다. 뱀에게 허물을 벗는 것은 필연적인 일이며 성장의 단계이기 때문이다.

성장을 꿈꾸는 사람에게도 변화는 뱀의 허물과 같다. 변화는 해도 그만, 하지 않아도 그만인 것이 아니라 반드시 해야 하는 필연적인 것이다.

변화는 특별한 사람의 전유물이 아니라 지금의 자신에게 불만이 있는 사람의 주제이며 다시 시작해보고 싶은 사람의 관심사이고 성장을 꿈꾸는 사람의 화두다. 변화가 필요로 하는 에너지는 성장을 꿈꾸는 자가 느끼는 자신에 대한 분노이며 창조적인 증오다. 현재에 대한 아무런 문제도 불만도 찾아내지 못하거나 부족한 지금을 그럭저럭 견뎌내는 것을 운명으로 받아들이면 변화에 필요한 에너지를 제공받을 수 없다. 많은 사람들이 변화에 쉽게 성공하지 못하는 가장 큰 이유는 이런 에너지를 지속해서 공급받지 못하기 때문이다.

하루를 바꾸지 않고는 변화에 성공할 수 없다

가끔 스스로 만들어내는 불만, 창조적 증오라는 내적 허기에서 시작하는 변화가 아니라 외부의 강요로 변화하는 경우가 있다. 내가 스스로 변화를 만들지 못하면 외부에서 권유라는 가면을 쓰고 나의 변화를 강요하기 마련이다. 이때 나는 변화의 주체가 아니라 대상이 되어버린다. 이런 변화는 내 안에서 시작하는 변화와 달리 오래가지 못하고 피로감에 멈출 가능성이 크다. 그러나 주도적인 사람들은 변하는 시대의 등에 올라타 변화의 주인이 될 수 있다.

사마천의 《사기열전》 백이편에는 이런 말이 나온다. "파리도 천리마의 꼬리에 붙어 천 리 길을 갈 수 있다." 나는 비록 작지만 내가 변화의 주체가 된다면 시대 변화의 고삐를 쥐고 자기 삶의 주인이 되고 역사가 될 수 있다. 여기서 알아야 할 것은 역사는 어느 날 갑자기 찾아오는 게 아니라 매일의 일상이 쌓여 이루어진다는 점이다. 변화에 성공하는 사람들은 하루를 놓치지 않고, 오직 오늘이라는 하루에 집중한다.

하루는 하나의 벽돌과 같다. 삶이란 벽돌로 쌓아지는 건축물과 같다. 좋은 벽돌로 쌓아야 견고한 집을 지을 수 있듯이 우리는 하루를 바꾸지 않고는 절대 변화에 성공할 수 없다. 그럼 좋은 하루란 어떤 하루일까? 먼저 하루 속에 감탄이 있어야 한다. 또한 사람을 돕는 즐거움이 있어야 하고, 언제나 새로운 배움이 있어야 한다. 적어도 이 세 가지가 충족된다면 좋은 하루다.

어떻게 감탄할 수 있는 하루를 만들 수 있을까?

그것은 매일 보는 것이 아니라 보이지 않는 것을 보는 것이다. 하루에 감탄이 없는 것은 매일 같은 것만 보는 지루함과 무기력 때문이다. 사실 우리가 보는 모든 것은 단 한 순간도 같은 모습을 한 적이 없는데 우리는 같은 것으로 생각한다. 매일 같은 것을 보는 지루함에서 벗어나려면 작은 관찰이 필요하다. 나도 처음에는 의도적인 감탄을 만드는 작업을 많이 했는데 그중 하나가 관찰이다. 출근하여 퇴근할 때까지 새롭게 변화되는 것을 휴대폰 카메라에 담고 간간히 내가 생각한 주제로 글로 쓴 적이 있는데 이 방법이 참 좋았다. 내가 본 사물의 변화를 표현한다는 것이 새로운 느낌을 주었기 때문이다.

또 문제로 여기는 것들도 시간을 두고 관찰하다 보면 스스로 비밀을 털어놓는 경우가 많다. 마치 소라게를 가만히 보고 있으면 스스로 나와 기어가는 모습을 볼 수 있듯이. 이미 있다고 생각하는 게 아니라 전혀 다르다고 생각하는 힘이 있어야 한다. 여행가에게 가장 힘들 때는 길이 없을 때가 아니라 다른 사람이 이미 만들어 놓은 길이 너무 많을 때다. 우리에게 감탄이 없는 건 너무 익숙한 일상 때문이다.

현장은 변화를 위한 최고의 실험실

사람을 돕는 즐거움은 어떻게 만들 수 있을까?

남을 돕는다고 하면 금전적 도움을 떠올리기 쉽지만 출퇴근길에 자리를 양보하는 것도 기분 좋은 도움이다. 누군가가 힘들게 들고 가는 짐을 들어주는 것도, 후배에게 업무적인 도움을 주는 것도, 상사가 공을 세울 수 있도록 일을 잘하는 것도 즐거운 일이다. 예수가 "오른손이 하는 일을 왼손이 모르게 하라"며 남을 돕는 것을 권하고, 공자 또한 "자신이 서고 싶으면 다른 사람을 먼저 세워라"고 한 것은 남을 돕는 일만큼 즐거운 일이 없기 때문일 것이다. 워렌 버핏이나 페이스북의 주커버그가 한 것처럼 기부하는 일 또한 즐거움과 기쁨의 상징이다. 누구라도 상황에 어울리게 크고 작은 도움을 주며 즐거움과 기쁨을 만들 수 있다.

그리고 좋은 하루란 배움이 있어야 하는데 이 시대의 배움은 한 번도 해보지 않은 일을 시도하는 것이다. 이제 지식은 검색하면 얻을 수 있지만 경험은 오직 실천을 통해서 얻을 수 있기 때문이다. 매일이 새로운 실험의 장이 되어야 한다. 직장인에게 최고의 행운은 현장이 있다는 점이다. 매일 달려가 해야 할 일로 가득한 현장이야말로 변화를 위한 최고의 실험실이다. 어제 했던 방법과 다른 방법을 찾는 것이 배움이고, 머릿속 생각에 따라 실행한 새로운 방법이 현장에서 의도한 대로 작동하는지 실험하는 것이 배움이다. 그리고 새로 터득한 방법을 기록하고 범용화하여 조직에 유통하는 것이 배움의 실천이다. 하루도 새로운 배움 없이 그냥 넘어가지 않는다면 좋은 하루가 될 수 있다. 일상이 타산지석(他山之石)인 것이다.

마지막으로 다음을 믿지 말아야 한다. 지금까지 매년 이맘때가 되면 느끼듯이 우리가 삶에서 배우는 게 바로 다음이란 절대 존재하지 않는다는 진리다. 막상 다음 세상이 찾아오면 모든 것이 달라져 있을 수밖에 없다. 그래서 자기가 원하는 일은 지금 하지 않으면 결국 그것을 놓치고 만다. 우리 삶에는 다음이란 없고, 오로지

'지금'만이 내가 행할 수 있는 나의 것이다. 가장 지혜로운 사람은 내일 삼수갑산을 갈망정 오로지 지금만이 자기 것임을 아는 사람이다.

　몇 년 전에 처음 미국 시애틀에 갔을 때 일이다. 같이 간 사람들은 시차 때문에 졸리고 힘들다고 하는 것과 달리 나는 전혀 시차 같은 것을 못 느끼고 활동했다. 출발 전부터 마이크로소프트사를 방문하고 스타벅스 1호점과 《펄떡이는 물고기처럼》이라는 책의 현장(시장)을 직접 본다는 사실에 흥분하고 크게 기대했기 때문이다. 말하자면 한국이 아니라 오직 시애틀의 지금이란 시간만 자각한 것이다.

　지금이란 시간에 충실하며 앞으로 나아가야 하는데 자꾸 뒤돌아보면서 '왜 그럴까?' 하고 과거를 분석하고 해부하는 것은 지금을 놓치고 과거로 도피하려는 사람들의 특징이다. 내가 하고 싶은 말은 신이 창조한 날은 오직 오늘뿐이란 것이다. 우리가 "오늘 날씨가 참 좋다" 하는 이 좋음이 바로 신이 만든 오늘이고 이 좋은 하루가 바로 우리 삶이다. 내게 존재하는 것은 오직 지금 이 순간뿐이다.

난생처음 온 자기 자신에게

섬진강의 발원지 데미샘(전북 진안군 백운면 신암리 소재)을 찾은 적이 있어. 졸졸졸 흐르는 시냇물을 한 마리의 물고기가 유영하듯 따라갔지. 물줄기는 소리 없이 흐르다가 점점 유속이 빨라지고 소리를 내더니 이내 계곡을 만나 숨 가쁘게 달리다가 곡류를 이루었어. 산이 가로막으면 멀다 탓하기보다 돌아가고 크고 작은 웅덩이를 만나면 차곡차곡 남김없이 채운 다음 잠시 머무는가 싶더니 다시 흘렀지. 그렇게 빠르게 흐르던 물줄기는 구례, 곡성을 지나면서 다시 유속이 느려지고 너른 평야를 만나 거울 같은 수평을 이루며 소리 없이 212.3km를 흘러 수많은 사람들의 삶과 하늘과 바람과 구름을 담아 보내더니 급기야 바다가 되었어. 바다는 오늘도 끊임없이 썰물과 밀물로 움직이고 있지.

섬진강은 멈춤이 없기에 바다에 이르고 많은 생물을 품을 수 있는 거야. 섬진강은 모든 살아있는 것은 멈추지 않고, 멈춤이 없기에 변한다는 이 평범한 진리로 나를 앎에서 깨달음으로 이르게 해주었어. 내가 섬진강을 잊지 않고 찾는 이유도 바로 여기가 깨달음의 장소이기 때문이야. 이제 내가 왜 이 이야기를 꺼냈는지 감이 오겠지? 나는 변화와 가치의 의미를 섬진강에서 찾았어. 흐르는 강물은 곧 시간이고 시대고 상황이고 환경이지. 그래서 2500년 전 헤라클레이토스는 "같은 강물에 발을 두 번 담글 수 없다"라고 한 거야.

그대는 변화를 무엇이라고 생각하나? 변화란 살아있다는 거고, 모든 살아있는 것들은 변한다는 평범하지만 결코 평범하지 않은 진리는 알겠지. 가장 중요한 것은 스스로 변하느냐 하는 점이야. 삶의 길목에서 불편함을 느끼는 사람은 그런 불편함과 충돌하면서 현실의 벽을 몸과 마음으로 극복해야 해. 죽은 것은 스스로 변화를 만들지 못하고 단지 상황이 바뀌기를 기다릴 뿐이야. 어떤 변화가 일어나고 있는지 알려 하지 않고, 언제나 과거에 머물려고 하지. 그리고 과거의 기준과 원칙에 매달려 살아가.

그럼 가치는 무엇일까? 가치는 둘 중 하나를 선택해야 하는 상황에서 무엇을 선택할지 결정하게 하는 거야. 그 결정은 끌림에 있어. 끌림이란 유혹하고 충동하는 거잖아. 남자와 여자 사이, 중심과 주변 사이, 완전과 불완전 사이, 유혹과 충동은 그런 사이에 있어. 사이에는 항상 변화가 있고, 그 속에서 마음을 끄는 게 더 나은 것이지. 우리는 이 '더 나은'에 주목할 필요가 있어. 결국 가치란 더 나은 것, 더 좋은 것이고 그래서 선택하는 거야. 가치 또한 고정된

게 아니라 끊임없이 변한다는 말이지. 결론적으로 가치와 변화는 수레의 양 축과 같고 세상은 바퀴가 구르듯 끊임없이 변해. 선택받은 가치가 세상을 이끄는 에너지야.

최고의 가치로 여기던 것을 버려야

그대, 창꼬치 증후군이란 말 들어봤나? 창꼬치는 이빨이 날카롭고 포악해서 호수에 한 마리만 있어도 다른 물고기들이 자취를 감춘다고 해. 이 창꼬치로 연구자들이 다음과 같은 실험을 했어. 창꼬치와 작은 피라미들을 한 어항에 넣고 그 사이를 투명한 유리창으로 차단한 거야. 창꼬치는 작은 피라미들을 보자마자 잡아먹으려고 달려들었는데 번번이 유리창에 부딪히기만 했어. 창꼬치의 공격은 시간이 지날수록 점차 그 횟수가 줄어들었고 결국 멈추었지. 그러자 연구자들이 어항의 유리창을 제거해서 창꼬치와 작은 피라미 사이에는 어떤 장애물도 없는데, 창꼬치들은 더 이상 작은 물고기들을 먹으려들지 않았어. 과거의 경험으로 피라미들은 먹을 수 없고, 다가가면 고통이 따른다고 인식한 거야.

이 연구를 이렇게 정리할 수 있겠지. 변화에 너무 무감각하고, 자신의 경험을 맹신해 스스로 모르는 게 없다 생각하고, 다른 가능성을 전혀 고려하지 않은 채 기존의 규칙이나 관습을 고수하고 어떤 억압이 있을 때 능동적인 행동이 약해진다는 거야. 창꼬치는 상황이 바뀌어서 이전에 배운 지식이 소용없게 된 것을 끝까지 알지 못했어. 창꼬치 증후군은 규칙이나 양식, 행동이 굳어져버린 정형화된 사고방식과 과거의 부정적 경험들 때문에 생겨난다고 해. 기존의 기준과 가치를 강조하는 그대는 혹시 창꼬치 증후군에 빠져 있는 게 아닐까?

또 이런 일화도 있어. 오늘날 중국을 경제 대국으로 이끈 덩샤오핑 이야기야. 그가 젊은 시절 지방 관리로 있을 때였어. 몇 년째 해마다 흉년이 들어 아사자가 끊이지 않는 지역이 있었는데 얼마 후 무슨 이유에선지 그곳에서 아사자가 생겼다는 보고서가 더는 올라오지 않고, 오히려 살기 좋은 고장이 되었다는 소식이 들리는 거야. 어느 날 당에서 파견된 감찰반이 그 지방에서 엄청난 당명 불복 사건을 적발했지.

사건의 전말은 이래. 해마다 흉년이 들어 상당수의 가족과 이웃들이 굶어 죽는 참담한 현실을 보다 못한 그 지역의 책임 지도자는 주민들을 살리기 위해 마을 어른들과 논의해서 당명을 어기는 매우 위험한 결단을 내렸어. 기근 원인이 사회주의 농촌경제의 근간인 협동농장 제도의 비효율성임을 지적하고 한시적으로 농지를 분배해 개인이 직접 농사를 짓게 한 거야. 이에 동조한 마을 사람들은 자신에게 분배된 농토를 최대한 활용하는 창의성을 발휘하며 농사를 지었지. 그 결과 생산량은 협동농장 시절보다 두 배 이상 증가했고 쌀농사뿐만 아니라 다양한 잡곡도 생산해 가정마다 곡식이 가득 차게 되었어. 매년 이 같은 영농 방식을 택해 살기 좋은 고장으로 변모했지만 당명을 어긴 게 들켜 지도자들이 반동죄로 모두 처형받기에 이르렀지.

상황을 알게 된 덩샤오핑이 중앙당 간부들에게 선처를 호소해 처벌을 경감하고 사면될 수 있도록 애쓴 덕에 큰 처벌은 면했지. 나중에 그가 권좌에 올라 개혁개방이라는 대전환을 설계하고 실행하는 데는 이 사건이 영향을 끼쳤어. 자신들이 최고의 가치로 여기고 오랫동안 지켜온 기준을 버림으로써 오늘의 중국이 존재하는 거야.

이와 비슷한 사례는 많지. 마이크로소프트사는 가장 잘 나갈 때 자신들이 만든 MS-DOS를 버림으로써 거대 제국이 될 수 있었던 반면에 노키아는 버리기를 두려워하다가 파산하고 말았잖아.

모든 업무의 기준은 회사가 아니라 고객

현장 책임자로 일할 때였어. 매표소에서 책임자 나오라며 큰 소동이 나서 가보니 어이없는 일이 벌어진 거야. 사건은 주말에 차량이 많아 고객이 주차하는 시간이 오래 걸리면서 일어났어. 상영시간보다 20분 이상 늦게 도착한 고객은 다음에 본다며 환불을 요구했고 매표직원은 환불기준상 20분을 넘기면 안 된다고 했지. 생각해 봐. 고객 관점에서 환불이 안 된다는 것은 있을 수 없는 일이고 직원도 환불기준을 어길 수 없는 일이지. 문제는 시대가 바뀌어 고객 중심으로 가치가 이동했는데 회사 기준으로 고객을 대했다는 데 있어. 우리가 시대의 흐름을 반영하지 못하고 기존의 기준과 규칙을 고수한다면 고객과의 거리는 더 멀어지고, 그 결과 고객은 떠나게 되는 거야.

그날 즉시 환불은 이루어졌고 고객은 좋은 감정으로 다음에 다시 오겠다고 약속하고 갔지만 그 일은 큰 충격과 위기감으로 다가왔어. 우리가 얼마나 고객의 생각과 거리가 멀어져 있는지를 깨달은 거야. 이후 나는 기존의 기준과 규칙을 강조하지 않고 현장에 많은 권한을 주며 고객이 원하는 것은 무엇이든 들어주라고 했어. 조건을 붙인다면 바꿀 수 없다고 판단했기 때문이지. 그만큼 절박한 기분이었어. 그날 이후 모든 생각과 업무의 기준을 고객 중심으로 하기 시작했지.

우리는 많은 기준과 규칙을 만들고 가치를 부여하며 지키지만 버려야 할 때는 버리고 변화한 시대를 반영하는 새로운 기준과 규칙을 만들어 고객과 어울려야 하는 거야. 그리고 모든 업무의 기준은 회사가 아니라 고객임을 명심해야 해. 회사가 기준이 되면 고인 물이 되지만 고객이 기준이 되면 우리는 흐르는 강물이 되어 풍성한 이야기를 만들고 많은 생물을 키우고 담을 수 있는 거야, 섬진강처럼.

나는 그대가 기준과 규칙을 지키는 사람이 아니라 변화하는 시대와 어울리는 새로운 기준과 규칙을 그대의 일 속에서 끊임없이 생산하기를 희망해.

삶의 길목에서 불편함을 느끼는 사람은 그런 불편함과 충돌하면서 현실의 벽을 몸과 마음으로 극복해야 해.

차이에서 대문이 열리며
이민이 걸어져 오기에

어느 시대나 그 시대를 대표하는 절대적인 가치가 있어. 오랜 시간 성실함이 절대적 가치였다면(물론 지금도 성실은 중요한 가치 중 하나지만), 지금은 창의성이 이 시대의 절대적 가치가 되었지. 그러나 많은 사람들이 그 가치를 말하지만 적극적으로 실천하는 사람은 흔치 않아. 고민하는 사람은 많은데 실천하는 사람은 없어.

그대 또한 "나는 왜 창의적이지 못할까?" 늘 이 질문을 닮고 살지만, 지금도 그 질문을 한다는 것부터 잘못되었어. 질문에는 두 가지의 유형이 있지. 하나는 실천을 동반하여 답을 얻고자 하는 질문이고 다른 하나는 자조적인 거야. 아마도 그대는 창의적이길 원하는 게 아니라 창의적이지 못한 자신을 미워하는 게 아닐까?

"나에게 창의력이란 무엇인가?"라고 질문해봐

창의력이 생각에서 온다는 건 부정할 수 없는 사실이야. 그럼 창의적으로 생각한다는 건 무엇일까? 답은 간단해. 이 세상에 새로운 것은 없어. 다만 다르게 생각하고 재해석할 뿐이지. 다르게 생각한다는 건 지금까지 당연하게 여겼던 것을 새로운 시각으로 보고, 예전에 간과했던 것들에 주목하고, 사물의 이면을 파헤치며, 그동안 별개로 보았던 현상들 사이에 연관성을 찾는 일이야. 이 일이 행동으로 옮겨지기 위해 먼저 필요한 게 있어. 바로 본질에 대한 이해와 대상에 대한 사랑이야. 사랑은 이해를 동반하지. 이해할 수 없는 대상을 사랑할 수는 없어. 대상을 사랑해야 관심이 생기고, 관심이 있어야 대상이 새롭게 보이고, 새롭게 보여야 대상을 다르게 생각할 수 있는 거야.

생각의 감옥에서 벗어나

내 경험으로 그대가 창의적이지 못하다고 스스로 생각하는 것도 일에 대한 사랑이 부족하기 때문인 것 같아. "나는 진짜 일을 열심히 하는데." 하고 반문할 수도 있어. 그러나 나는 현대의 열심을 긍정으로 보지 않아. 어쩌면 그대의 그 열심이 창의를 방해하는지도 모르지. 그대가 생각하는 열심은 단순한 분주함으로, 이미 존재하는 것을 재생하고 가속할 따름이야. 많은 정보와 그것의 처리 과정 사이에서 초점이 빠르게 이동하면서 참을성을 잃고 사색의 힘을 상실하지. 깊은 사색을 하지 못하는 사람은 평상심을 잃고 안절부절못하게 되며 이런저런 생각 없는 활동을 하게 돼. 그러니 한번 생각을 디자인해봐. 한 번이라도 일의 목적을 이해하기 위해서 그대의 일에 대한 그대의 정의가 무엇인지부터 깊이 사색해보라는 말이야. 내 일에 대한 나의 정의가 바로 사랑이야. 내 일을 사랑해야 내 일을 이해할 수 있고, 그 이해가 바탕이 됐을 때 생각의 날개가 펴지는 거야.

그리고 일하는 태도로 볼 때 그대는 지금 생각의 감옥에 갇혀 있는 것 같아. 정확한 답을 고집하고, 논리를 따지고, 규칙을 준수하고, 과하게 실용적이고, 내 분야의 일만 챙기고, 실수를 인정하지 못하는 등 무조건 나쁘다는 것은 아니지만 이러한 자세들이 사실은 그대의 창의성을 가두는 감옥일 수 있어. 모든 업무에서 다 그럴 수는 없지만 새로운 가치가 필요할 때는 생각의 감옥에서 벗어나야 해.

나도 입사한 후 오랫동안 생각의 감옥에 갇혀 있었어. 아마 20여 년 전으로 기억하는데 독서에 조금씩 익숙해져갈 때 유홍준의 《나의 문화유산 답사기》(창비, 1993.)에 나오는 "사랑하면 알게 되고 알면 보이나니 그때 보이는 것은 전과 같지 않으리라." 이 유명한 문장이 내 마음을 혼란스럽게 만들었어. 마음의 홍역을 치른 후 나는 일에 대해 깊은 생각을 할 수 있었고, 비로소 내 일을 사랑하게 되었어. 한 문장의 힘을 그때 알았지. 그리고 97년 구본형의 '익숙한 것과의 결별'이란 짧은 문장은 나를 변곡점에 세워 실천력을 키우게 했고, 2007년 김별아의 소설 《논개》(문이당, 2007.) 속의 문장 '사랑이 길을 만든다'는 일, 사물, 사람을 대하는 자세에 변화를 줬지. 이 문장들은 내 안의 잠언이 되었고, 이 잠언을 적극적으로 실천함으로써 나는 창의적으로 바뀔 수 있었어. 분명한 것은 아이디어가 많다고 창의적인 사람이 되는 게 아니라 실패의 두려움을 이겨내고 도전하는 사람이 창의적인 사람이 될 수 있다는 거야. 그러니 창의력은 실천력이라고도 할 수 있지. 결국 실천만이 새로움의 탄생을 지향하기 때문이야.

   조금 길게 설명했지만 창의성의 대전제는 "사랑하면 알게 되고 알면 보이나니 그때 보이는 것은 전과 같지 않다"라는 문장으로 귀결돼. 문제는 어떻게 보아야 창의적으로 볼 수 있냐는 건데, 그러기 위해서는 말하고 쓰기를 배우듯이 우리는 보는 것도 배워야 해. 보는 것을 배운다는 건 어떤 자극에 즉시 반응하지 않고 속도를 늦추고 멈추는 법을 배우는 것이고, 눈의 평온과 인내가 자기에게 다가오는 과정에 익숙해지는 거야. 오래 천천히 바라볼 수 있는 능력을 갖추는 거야.

규칙에 도전해봐

이 능력을 지니면 이제 창의력을 기르기 위해 일상을 바꾸는 노력을 해야 하는데, 그 첫 번째는 당연함을 걷어차는 거야. 사람들은 대부분 당연함을 일상으로 받아들이지. 예를 들어 출근길 정체가 심한 시간인 줄 알면서도 늘 그 시간에 출근해. 우리 회사 빌딩의 출근 시간 엘리베이터를 봐도 8시 50분에서 9시까지는 줄이 입구까지 이어지는데 그 시간 그 줄에 있던 사람은 오늘도 그 줄에 서 있어. 동일함이 반복되면서 행동이 고착화되어 의심 없는 당연함으로 받아들이는 거야. 게으른 사람만 남들 뒤를 따라가는 게 아니라 당연하다고 의심하지 않고 받아들이는 사람도 세상의 변화를 따라잡지 못하고 뒤따라가는 거야. 그러나 10분만 먼저 나오면 모든 것이 새롭게 보이거든. 아침 공기가 다르고, 만나는 사람들이 다르고 그들의 표정이 다르고 출근길의 풍경이 다르게 보여. 아침에 느끼는 모든 에너지가 다른 거야.

그래, 당연이란 것은 보편화한 관점이야. 그것은 어떤 시대에 사는가, 어디에 사는가에 따라 얼마든지 달라질 수 있지. 보편화한 관점을 깨트려보지 않는다면 우리는 당연함이란 우물에 갇혀 세상을 모르고 살아갈 수도 있어. 그러니 당연함을 걷어차봐.

두 번째는 얻고자 하는 문제를 품고 다니는 거야. 뉴턴은 어떻게 떨어지는 사과를 보고 중력이 있다는 생각을 할 수 있었느냐는 질문에 오직 그 생각만 하고 있었다고 대답했어. 내 안에 해결하고

자 하는 문제가 있으면 여유 있을 때마다 그 문제를 생각하다 뜻하지 않은 환경에서 실마리를 찾을 수 있는 거야. 사실 나는 이 방법에 익숙해져 있어. 그래서 퇴근 전에 해결하고자 하는 문제를 한 번 더 되새기고 나가지. 퇴근길, 화장실, 잠자기 전 모든 여백의 시간에 답을 찾는 생각을 해. 내가 얻고자 하는 해답 대부분은 이런 여백에서 찾았어. 그러니 휴대폰 속의 게임에 갇히지 말고 그대 스스로 생각의 자유를 줘.

세 번째는 규칙에 도전하는 거야. 파블로 피카소는 "모든 창조 행위는 파괴 행위에서 시작한다"라고 했어. 우리는 어겨도 괜찮은 많은 규칙에 얽매여 있지. 그대가 어떤 문제에 부딪혔다면 먼저 어겨도 괜찮은 규칙이 무엇인지 찾고, 그것을 걷어내면 일은 생각보다 쉽게 자유를 얻을 수 있을 거야. 1969년 멕시코 올림픽에 출전한 높이뛰기 선수 포스베리는 숨을 고른 후 높이뛰기의 바를 향해 도움닫기를 했는데 모든 관중이 깜짝 놀랄 일이 벌어졌어. 올림픽 사상 처음으로 배면 뛰기를 시도한 거야. 지금까지는 앞으로 넘는 것을 규칙처럼 여겼지만 뒤로 넘었어. 누구도 이 방법이 규칙을 어겼다고 말하지 않고 환호성을 보냈고 포스베리는 금메달을 목에 걸었지. 이렇듯이 지키지 않아도 되는 규칙에 얽매여 있는 경우는 수없이 많아. 그러니 규칙에 매이기를 거부하고 그대의 창의성을 해방해줘.

네 번째는 사소한 일상을 관찰하는 거야. 우리의 삶은 수많은 일상으로 이루어져 있어. 그리고 수많은 불편함을 안고 살아가지.

'오랄비'는 어린이들이 칫솔을 주먹으로 말아 쥔다는 것을 보고 손잡이를 둥그렇게 만들어서 큰 히트를 쳤어. 세계적인 주방기구 '옥소'는 39년간 주방용품 산업에 몸담고 있다 퇴임한 66세의 샘 파버라는 사람이 모처럼 아내와 시간을 보내는데 관절염을 앓고 있는 아내가 주방용품을 사용하면서 고통스러워하는 것을 보고 설립한 회사로 지금도 굿 그립이란 브랜드 등 오직 소비자 일상에서 불편함을 찾고 해결하는 제품과 디자인으로 세계적인 주방용품 회사가 되었어. 말하지 않고 말 못하는 일상의 불편함을 발견하는 것, 이것이 창조적인 관찰의 기술이야.

내 언어로 재해석해 새로움을 만들어라

마지막으로 자기 관점을 갖고 재해석하는 거야. 내가 수없이 강조했던 이 말을 기억할 거야. "신은 우리에게 모든 것을 창조해주었기 때문에 더 이상 창조물은 없다. 다만 우리는 관점을 바꾸고 내 언어로 재해석하여 새로움을 만드는 것이다." 어떤 관점으로 보느냐에 따라 해석하는 방식이 바뀌고 그때마다 전혀 다른 결과가 나와. 그러니 능력의 차이는 바로 어떤 관점에서 바라보았는가에 있지.

　내 컴퓨터에 있는 영상 파일을 하나 소개할게. 바쁜 뉴욕의 지하철 앞에서 시각 장애인이 구걸을 하는데 종이 박스에 이렇게 쓰여 있어. "I'm blind. Please help(저는 시각 장애인입니다. 도와주세요.)." 그러나 많은 사람이 오가도 어쩌다 하나씩 동전을 던져주고 갈 뿐인데, 한 여자가 지나쳤다가 다시 되돌아와 종이 박스를 뒤집어 다른 글을 써놓고 갔지. 그런데 그 글을 본 많은 사람들이 시각 장애인 앞에 동전을 놓고 가는 거야. 그래 시각 장애인이 누군가에게 종이에 어떤 말이 쓰여 있냐고 물어봤지. 여자가 써놓고 간 글귀는 다음과 같았어. "It's a beautiful day and I can't see it(아름다운 날입니다. 그런데 나는 그것을 볼 수가 없네요.)." 이 글귀는 사람들이 그를 구걸하는 시각 장애인이 아니라, 아름다운 세상을 볼 수 없는 가여운 사람으로 생각하게 한 거야. 그래서 진심으로 돕고 싶게 만들었어.

같은 장소, 같은 사람, 같은 상황이라도 바라보는 관점에 따라 모든 것이 다르게 느껴질 수 있지. 그래서 생각이 바뀌고 행동이 바뀌고 결과도 바뀌는 거야. 창조가 신의 전유물이 아니듯 창의성도 어느 특별한 사람들의 영역이 아니라 내 마음이고 눈이고 느낌인 거야.

창의성에 대한 더 많은 정의가 있지만 나는 앞서 언급한 "사랑하면 알게 되고 알면 보이고 그때 보이는 것은 예전과 같지 않으리라"라는 문장이 가장 좋은 표현이라고 생각해. 그대가 그대의 일을 더 많이 사랑한다면 분명히 새로움을 생산하는 주체가 될 거야.

"신은 우리에게 모든 것을 창조해 주었기 때문에 더 이상 창조물은 없다. 다만 우리는 관점을 바꾸고 내 언어로 재해석하여 새로움을 만드는 것이다."

젊은 먹튀의 초상
그래버드
에게

선배나 상사는 말하고 후배와 부하는 받아 적어 수용하고 실천하는 것이 오랫동안 우리들이 일하는 방식이었어. 그런 후배가 다시 선배가 되고 상사가 되어 똑같이 일하면서 이 방식은 굳어졌지. 그러니 지금 그대가 가르치고 지시하는 데 익숙해진 것도 이런 문화 속에서는 자연스러운 행동일 거야. 하지만 입사해서 한창 실무를 할 때 선배가 내 의견은 들어보지도 않고 자기 말만 하고 자기 맘대로만 한다고 그렇게 불만이던 내가 같은 방식으로 일한다고 생각하면 조금 섬뜩하지 않나? 부모가 되어서 자식의 행동을 보고 섬뜩할 때가 있는데 그건 내가 그렇게 싫어하던 내 행동을 아이가 동일하게 따라 할 때야. 사실 그대가 누구보다도 열정적으로 일하며 후배들에게 하나라도 더 가르쳐주려고 한다는 걸 알아. 그러나 생각해보면 그것이 그대가 선배를 그렇게 싫어한 이유이지 않나?

그러니 한 번 되돌아봐. 그대의 지금 일하는 방식에 관해서.

이렇게 일하는 것은 우리의 성장 과정에서부터 기인했어. 우리는 질문하기보다는 가르침을 수용하는 학습을 통해 성장했지. 선생님이 말하면 듣고 칠판에 정리해주면 열심히 적고 답을 가르쳐주면 외우고. 이런 하루를 마치고 귀가하는 자녀에게 부모님의 인사말은 항상 이랬지. "오늘은 선생님한테 무엇을 배웠어?" 이러한 학습방식이 수용하는 자세를 만든 거야.

반면에 이스라엘 민족은 우리하고는 전혀 다른 방식으로 교육하고 있어. 우리가 답을 전달하고 수용하는 방식이라면 이스라엘 사람들의 교육은 질문하고 질문으로 답하는 방식으로 진행되는 거야. 학생은 질문하고 선생님은 바로 답을 말하기보다 다시 질문한 학생에게 먼저 본인의 생각을 말하게 해. 그리고 그 질문에 대해 교실에 있는 모두가 한번 생각하게 하는 거야. 답을 바로 알려주기보다 먼저 생각하게 하고 그 생각을 기반으로 질문자 스스로 답을 찾아가게 하지. 말하자면 우리들의 학습이 이미 기호로 기록된 세계에서만 유용한 지도 보는 법을 가르친다면 이스라엘의 교육은 현재 위치는 정확히 몰라도 어디를 향해 가야 하는지 알 수 있는 나침반 사용법을 가르치는 셈이지. 또한 우리와 다르게 이스라엘 부모들은 귀가하는 자녀에게 '오늘은 무슨 질문을 했냐'고 물어. 그러다 보니 학생들은 질문하고 생각하는 습관을 갖게 되어 자연스럽게 사고력이 길러지고 그런 깊은 사고체계로 우리는 노벨 평화상을 제외하면 하나도 받지 못한 노벨상을 수없이 받았던 거야.

질문, 수평과 경청에 이르는 길

이제 그대의 일하는 방식도 바꿀 필요가 있다고 생각해. 질문을 하는 명백한 이유는 나의 고정관념을 깨고 다른 사람과 상호작용을 통해 더 나은 생각의 탄생이 가능하기 때문이야. 모든 변화와 가치는 질문으로 시작되었고 아직도 나를 바꾸고 조직을 바꾸고 세상을 바꾸는 것은 이미 존재하는 답이 아니라 혁신의 답을 찾는 질문에 있지. 그래서 경영의 구루 피터 드러커는 "과거의 리더는 지시하는 사람이었지만 미래의 리더는 질문하는 사람이 될 것이다"라고 한 거야. 그대가 바로 피터 드러커가 오래전에 말한 그 미래의 리더 아닌가?

 나도 그대처럼 지시하고 지적하고 가르치려고만 하던 전형적인 관리자였어. 관리라는 말의 뜻처럼 어떤 일을 수행하고 달성하려고만 했지. 그러다 보니 누군가에게 영향을 미치고 영향력을 공유하려고 하지 않고 잘잘못만 따지는 사람이 되어 후배들에게 두려움을 느끼게 하는 못난 선배였어. 영화관 현장을 책임지고 있을 때는 누구보다 후배들 의견을 듣고 파트타임 직원인 드리미들 의견도 빼놓지 않고 듣고 반영하던 내가 본사로 들어가 영업팀장이 되면서 실적에 대한 책임과 잘하려는 의욕으로 후배들에게 화내고 지적하고 일방적으로 지시하기만 한 거야.

 그런 어느 날 현장 점검을 하고 돌아오는데 한 바이저에게서 문자가 왔어. '팀장님이 오시면 많은 이야기도 하고 싶었고, 좋은 말씀도 해주시고 갈 줄 알았는데 현장에서 화내시는 모습에 말을 할 수 없었습니다'라는 거야. 출근하면 매일 오프닝 인사를 메신저로 보내주던 그런 따뜻한 팀장을 기대하고 있었던 거야. 사실 그때는 조직이 작아서 가능했지만 한 명 한 명 이름을 불러주며 메신저로 아침 인사를 했거든. 화를 내는 팀장의 모습을 보고 얼마나 실망하고 두려움을 느꼈을까. 돌아오는 길에 많은 생각이 들고 후회가 되었어. 이 짧은 문자가 나를 다시 되돌아보게 하고 변하게 했지. 이때 나는 영향력이 무엇인지 깨달았어. 영향력은 위에서 아래로 흐르는 게 아니라 상호작용을 통해 공유되고 확장된다는 사실을.

그래서 나는 질문이 갖는 가장 중요한 요소는 바로 이 상호작용에 있다고 생각해. 서로 영향을 주고받으며 성장하는 것은 정신적인 수평 관계를 인정할 때 가능하지. 상대의 삶을 인정하고 존중해주는 데서부터 시작하는 거야. 정현종 시인의 〈방문객〉이란 시에 이런 구절이 있잖아. "사람이 온다는 건 실은 어마어마한 일이다. 그는 그의 과거와 현재와 그리고 그의 미래가 함께 오기 때문이다. 한 사람의 일생이 오기 때문이다." 이처럼 다른 사람의 삶을 긍정하고 받아들일 때 정신적인 수평이 이루어지는 거야. 또한 정신적인 수평은 배움을 인정할 때 가능해. 배움에 대한 열린 마음이 상호작용을 더 활발하게 만들기 때문이지. 온라인에서 형성된 동호회가 생면부지의 사람들이 모여서도 활발하게 작동하는 것은 바로 서로 배움을 주고받는 열린 마음이 있기 때문이야. 그러니 한번 생각해봐, 지금 그대의 마음이 배움에 대해 열려있는지 닫혀있는지. 사람에게서 오는 배움이 가장 진실하다는 사실을 잊지 마.

질문이 주는 두 번째 긍정적인 요소는 소통에 있어. 이 시대 최고의 화두가 소통이라고들 하지만 소통이 점점 더 어려워지는 게 현실이야. 정치적 불신, 진보와 보수의 대립, 세대 간 갈등, 상하의 단절, 선후배 간 충돌 등 모든 면에서 소통의 장벽이 더 높아지는 이유는 상대방을 인정하지 않는 일방성에 있어. 상대방의 의견을 듣지 않고 상대방을 무시하며 배려하지 않기 때문이지. 이러한 불통의 현상은 바로 질문의 부재에서 생기는 문제야. 질문은 상대방의 의견을 묻는 행위이고 상대의 말에 경청할 준비가 되어 있다는 거잖아. 그러니 먼저 질문한다는 것은 상대방이 먼저 말하기를 권하는 일이고 나는 경청하는 일이 되거든. 사실 경청만 잘해도 90% 이상 소통이 이루어졌다고 할 수 있을 만큼 경청의 자세는 중요해. 경청은 나에게 절대적으로 유익한 행동임을 기억해야 해. 듣기를 통해 상대방의 마음을 알 수 있고 이해하여 내 주도로 더 좋은 관계를 만들 수 있기 때문이야. 그러니 경청은 나를 위한 행동이지. 또 적극적인 경청을 하라는 거야. 입을 다물고 있다가 내가 말할 차례만 호시탐탐 기다리는 것은 경청의 자세가 아니야. 잘 듣는 일은 상대방이 존중받고 있다는 느낌이 들게 하는 거야. 그때 상대가 진실해질 수 있지. 소리꾼에게 추임새가 활력을 주듯이 말하는 사람에게 맞장구를 치며 활력을 더하는 촉매제가 되어주는 것도 소통의 표시이자 긍정에너지의 교환이란 것을 잊지 마. 경청은 상대를 존중하고 이야기에 귀 기울이며 때맞추어 맞장구를 치는 일이야. 이것이 그대가 더 성장하더라도 외롭고 고독해지지 않을 비결이지.

참여감을 구매하는 시대

세 번째 질문이 주는 긍정적인 요소는 참여감이야. 참여감은 내가 존중받고 있다는 생각이 들게 하고 책임감을 느끼게 하지. 그대도 아마 책임감을 가장 강하게 가져본 때가 참여하고 있다는 생각이 들었을 때일 거야. 내가 중요한 프로젝트에 참여하고 있고 내가 조직의 일원으로 인정받고 있다고 생각할 때 강한 책임감을 느끼잖아. 부하 직원의 소외감 또한 간단한 질문으로 해결할 수 있어. 아마 그대도 입사 초기 선배가 던진 질문에 '아~ 내가 인정받고 있구나' 하는 뿌듯함에 속으로 흥분을 감추지 못한 적이 있을 거야. 참여감이나 소속감도 질문을 통해서만 가능해. 구성원들의 생각을 묻는 것이 함께 일한다는 마음이 들게 해서 책임감 있게 스스로 일하는 문화를 만드는 거야. 이제 알겠지? 내가 왜 입버릇처럼 고객과의 접점에서 근무하는 직원들에게 질문하라고 하는지.

그대는 요즘 모든 기업이 가장 두려워하는 기업이 어디라고 생각하나? 바로 '샤오미'야. 2010년에 창업한 이 중국기업이 어떻게 모든 기업이 두려워하는 곳으로 성장했을까? 답은 딱 하나! 참여감이란 데 있어.

샤오미의 경쟁력은 직원과 직원의 친구 그리고 모든 사용자가 제품과 서비스는 물론 기업 운영에까지 참여할 수 있도록 개방하는 거야. 참여감은 사용자와 친구가 된다는 것을 의미하며 형식적인 고객 만족 조사가 아니라 사용자와 함께 논다는 것을 뜻해. 샤오미는 이렇게 말하고 있어.

> 우리는 사용자들과 함께 놀며 토론한다. 샤오미 게시판, 미랴오(샤오미 모바일 메신저) 등을 통해 사용자들과 소통하는 과정은 제품에 대한 요구를 수집하는 과정인 동시에 제품을 전파하는 방식이다.

쉽게 말하면 지금은 단순히 제품을 구매하는 것이 아니라 참여감을 구매하는 시대가 된 거야. 사용자인 고객도 이러한 참여감에 열광하는데 직원들은 오죽하겠어. 그러니 이제 질문을 하고 경청하도록 해. 그것이 고독하지 않은 강한 리더가 되는 길이야.

가장 강한 사람이란 가장 많은 사람의 힘을 끌어내는 사람이란 사실을 잊지 말고, 가장 현명한 사람은 가장 많은 사람의 말을 귀담아듣는 사람이라는 점을 기억하길 바라. 그대는 분명히 좋은 리더가 될 거야.

얼마 전 나는 그대가 하는 일을 보고 그랬지. "사람의 오감을 건드리지 못하는 것은 사기다"라고. 그대가 일하는 걸 보면 항상 너무 딱딱하고 차갑다는 생각이 들었어. 다르게 표현하면 일에 마침표만 있지, 느낌표가 없는 거야. 물론 잘 정리되어 있어 내가 보기에는 편하고 좋아. 그런데 그대도 알다시피 그것은 상사를 위한 일이 아니라 고객을 위한 일이 되어야 하잖아. 사실 나는 그대가 하는 일에 공감하고 공유하고 있으면 되는데 말이야. 그런데 아직도 그대는 고객을 위한 일이 아니라 일을 위한 일을 하는 것 같거든. 물론 하루아침에 일을 대하는 방식을 바꾸기는 쉽지 않다는 사실은 잘 알아.

우리는 그동안 "인간은 이성적인 존재이며, 합리인 선택을 한다"라는 경제학의 대전제에 길들어 있었어. 좀 현학적으로 보일지 모르겠지만 부연한다면 그동안 너무 정신세계만 강조된 결과라는 말이야. 한국 축구가 패하면 해설자들이 꼭 정신력 부족으로 몰고 가는 것처럼. 지금 이 글을 쓰고 있는 나도 어젯밤 2016 AFC U-23 챔피언십 바레인전 후반전 경기를 보면서 버릇처럼 중얼거린 말이 "정신력이 부족하다"였으니까. 그런데 연습과 체력을 접어두고 정신력 부족이라고만 말할 수 있을까? 나는 아니라고 생각해. 用은 體가 허용하는 만큼만 작동하기 때문이야. 신체가 건강해야 정신도 건강할 수 있어. 그런데 우리는 그동안 몸이 아닌 정신에 너무 치우쳐 학습하고 성실히 실천했지.

그러다가 지금 그 몸이 자기의 중요성을 강조하며 반란을 일으키는데 그 세력이 걷잡을 수 없을 정도로 강해졌어. 앞서 이야기한 "인간은 이성적 존재이며, 합리적인 선택을 한다"는 경제학의 전제가 경제는 물론 사회, 문화, 정치, 교육, 예술 분야까지 모든 인간의 삶에 영향을 미치고 우리에게 강요했던 것처럼 이미 몸의 반란도 우리가 감당할 수 없을 정도로 강렬한 힘이 되어 시장에서 작동하고 있어. 그것은 바로 '감성'이야. 그동안 우리는 서양문화와 경제의 논리로 몸의 어떤 잘못된 행동에 대해서 그가 이성적 판단을 못 한 것은 불완전한 감각기관이 욕구를 꼬드겼기 때문이라며 몸의 반응을 철저하게 외면해왔어. 그러던 온몸이 자기의 권리 즉, 몸의 민주주의를 실현한 거야. 말하자면 몸의 감각기관들이 자기를 표현하기 시작한 거야.

감성이라는 분모에는 큰 차이가 없어

언젠가 그대가 감성의 정의를 물은 적이 있었지. 그때 나는 감성의 정의를 인간이 느낄 수 있는 오감(촉각, 미각, 시각, 청각, 후각)의 합이라고 답했던 것으로 기억해. 그런데 문제는 이성과 합리가 많은 사람들의 합의에 따라 만들어졌다면 감성과 느낌은 지극히 개인적이라는 데 있어. 그만큼 일이 복잡해지고 힘들어졌다고 할 수 있지. 그러나 모든 일이 다 그렇듯이 감성과 느낌도 지극히 개인적이라고는 하지만 기본적인 메커니즘이 있어. 감성이란 분모에는 큰 차이가 없고 느낌이란 분자의 차이가 있다는 말이야. 우리 옛말에 "보기 좋은 떡이 먹기도 좋다"란 말이 있듯이 감각이라도 모두가 같이 느낄 수 있는 게 있어. 그것에 대한 집중력을 가진다면 좋은 느낌이 들게 하여 좋은 결과에 연결할 수 있는 거야.

한 가지 사례로 스티브 잡스의 애플을 들 수 있어. 스티브 잡스는 기술로 세상을 바꾼 것이 아니잖아. 그대도 알다시피 애플은 제품을 직접 생산하지 않고 외부에서 부품을 조달받고 중국의 팍스콘에서 조립 생산하고 있거든. 어느 기업이 R&D를 어디에 집중하는가를 알면 그 기업의 핵심역량과 방향성을 알 수 있는데 애플은 디자인과 편리성에 집중하고 있어. 다시 말해 애플의 핵심은 제품을 개발하는 기술이 아니라 디자인에 있다는 거야. 기술 민주주의가 이루어지면서 이제 기술의 독점이 아닌 공유의 시대가 왔다는 사실을 안 거야. 미래를 본 애플은 기술이라는 이성에 역량을 강화한 게 아니라 시각적 요소와 그립감 등 감성에 역량을 강화하여 세상을 바꾸었어. 결국 가치가 상품에서 사람으로, 이성에서 감성으로 변한다는 것을 누구보다 먼저 보고 그 가치에 자기 역량을 집중한 결과지.

우리의 옛말과 잡스의 사례를 연결해보면 공통분모를 쉽게 찾을 수 있을 거야. 바로 '보기 좋은 디자인'이 공통분모지. 즉, 어떤 상품(일)이든 시각적인 느낌이 좋아야 해. 이제 조금 이해되겠지?

일 속에 느낌이 스며들어 따뜻해져야 해

문제는 '어떻게 실천할 수 있는가'인데, 몇 가지 지켜야 하는 원칙이 있어. 단순하게 "고객의 관점에서 일하면 되지"라고 말할 수 있지만 그게 그렇게 쉽지 않잖아. 지금 말하는 것이 확실한 답이라고 단정할 수는 없지만 내 경험으로는 그래도 가장 좋다고 생각한 방법을 정리해볼게.

먼저 우리가 지금까지 배우고 행동한 것에 대해 "아니요"라고 말할 수 있어야 해. 그동안 이미 만들어진 가치를 수용하고 따랐다면 이제 그러한 가치들을 부정할 수 있어야 한다는 말이야. 니체가 말한 낙타의 삶에서 사자의 삶으로 변신이 필요한 거야.

두 번째는 대상을 이해하라는 거야. 우리는 그동안 대상을 이해하기보단 이미 만들어진 기준으로 가르치고 강요하다시피 했잖아. 지금까지 그대가 해온 일을 생각해봐. 회사의 기준을 고객에게 들이대며 고객을 상대로 된다와 안 된다, 가능과 불가능을 쉽게 사용해왔고, 고객이 아니라 우리 기준으로 제외하고 포함시키는 일들을 결정했잖아. 지금도 그 방법이 통할 수 있다면 내가 진 것으로 할게. 또 흔하게 벌어지는 일인데, 환불기준이나 회사 내규를 들어 고객을 설득할 수 있다면 역시 내가 진 것으로 할게. 생각해봐. 최근에 이런 게임에서 이긴 적이 있나? 언젠가 내가 한 말을 기억할 거야. 섬사람에게 해는 바다에서 떠서 바다로 지며, 산골 사람에게 해는 산봉우리에서 떠서 산봉우리로 지며, 서울 사람에게는 해가 빌딩에서 떠서 빌딩으로 지는 것이기에 산골 사람이 섬사람을, 섬사람이 서울 사람을 설득할 수 없듯이 상대를 이해하지 않고 통할 수 있는 법을 나는 한번도 보지도 듣지 못했어.

세 번째는 역지사지(易地思之)하란 말이야. 고객의 입장이 되란 뜻이지.

옛말에 물고기를 잡으려면 물고기 같은 생각을 해야 한다고 했어. 고객을 위한 선택을 하려면 고객과 같은 생각을 해야 한다는 거야. 말이야 쉽지 그렇게 쉬운 일은 아니란 것쯤은 나도 잘 알아. 그러나 방법이 없는 것은 아니야. 그대가 생각하는 고객의 유형과 비슷한 유사고객을 찾아 의견을 적극적으로 수렴한다면 생각보다 쉽게 고객의 생각을 읽을 수 있어. 문제는 그대가 그런 활동 없이 기존의 경험에 의존한다는 데 있지. 기존의 경험을 보편적 진리로 믿고 들이대는 고집에서 벗어나란 말이야. 그대가 믿는 과거의 경험적 사실은 진실의 조각에 불과해.

그대가 하는 일이 어떤 일이든 기존의 의식체계에서 벗어나 대상을 이해하고 고객 입장이 되어 생각한다면 답은 오감으로 압축된다는 걸 깨달을 거야. 그대 일의 질은 고객의 느낌 즉, 감성지수에 있어. 이것은 우리가 이성의 시대가 아니라 감성의 시대에 살고 있다는 증거야. 그렇다고 이성과 합리 그리고 기술을 무시하고 감성에만 호소하란 말은 아니야. 따뜻한 감성과 냉철한 이성의 균형이 필요하다는 얘기지. 그대의 일 속에 느낌이 스며 따뜻한 일이 되게 해야 한다는 말이야.

언젠가 그대는 내게 또 이런 질문을 했지. 이성과 감성 중 무엇이 먼저냐고. 그때 먼저 이성적으로 생각하고 합리적으로 판단하라고 대답했던 것으로 기억해. 그렇게 말한 건 사람의 사고가 이루어지는 곳이 가슴이 아니라 두뇌라고 생각했기 때문이야. 나는 오늘 그 답을 수정하고 싶어. 생각은 신체가 느끼는 감각 다음이기 때문이야. 보고, 듣고, 느끼는 등 오감이 자극된 것에 대해서만 머리가 생각할 수 있어. 사상과 생각 뒤의 강력한 명령자가 바로 자기 신체 속에 기거하는 오감이므로 선후를 가린다면 이제 감성이 먼저라고 말할 거야. 그리고 그동안 잘못된 생각에 대해 머리가 아닌 가슴에 손을 얹고 반성하고 있어.

온탕과 냉탕이 공존해야 목욕탕으로서 가치가 있듯이 그대의 일도 따뜻한 감성과 냉철한 이성이 조화를 이루어 새로운 가치가 생산되는 일이기를 바라.

무엇보다 나는 그대의 일과 일상에 따뜻한 느낌이 있으면 더 좋겠어.

바 데이터는 파
들음, 스틸,
데이터는 데이터다
데이터가 되어야
에게

빅 데이터 열풍이야. 세상에는 알 수 없는 정형, 비정형의 데이터들이 쏟아지고 정부는 여기에 일자리가 있다며 야단법석이고 기업은 비즈니스의 답이 있다고 긴장하는데 정작 나는 빅 데이터에 대한 이해는 물론 당장 내게 무엇이 답인지 알 수 없었어. 빅 데이터에 대한 이해가 부족한 내가 어떻게 일해야 하는지 암담하기만 했지. 세상의 모든 영역에서 떠들어대고 있으니 알아야 하는 것은 분명한데 우리 조직에서는 시기상조였고 그렇다고 외부에서 제대로 된 교육을 받을 수도 없었어.

그런 어느 날 빅 데이터 포럼에 참석했는데, 그곳에서 빅 데이터를 조금 쉽게 이해할 만한 얘기를 들었지. 전염병 에볼라의 발생과 확산 경로를 가장 빨리 알 수 있는 곳이 구글이라더군. 우리는 보통 세계보건기구(WHO)나 미국질병관리본부(CDC)가 전염성 질병을 가장 빨리 알 거라고 생각하잖아. 그런데 구글이 가장 먼저 안다는 거야. 구글에 실시간 에볼라 검색어 동향을 살펴보면 최초 검색된 지역에서 검색어가 번져가는 경로가 에볼라 확산 경로와 일치한다고 해. WHO나 CDC가 일정 기간이 경과되어야 아는 것을 구글은 실시간으로 파악할 수 있게 되었다는 거야.

나는 이 얘기가 그럴듯했어. 사람들이 지금 당장 관심 있는 것을 포털에서 검색하고 그 검색어를 실시간으로 분석하는 게 가능하다면 이런 빅 데이터야말로 바로 답이라고 생각했거든. 그래서 그대에게 그랬듯이 이 이야기를 갖고 빅 데이터가 답인 것처럼 떠들고 다녔어.

그러나 시간이 지나고 조금씩 데이터가 지금 내가 하는 일에 답을 줄 수 없다는 사실을 깨달았지. 데이터 경영에 대한 기대를 버린 것은 아니야. 데이터 경영은 절대적으로 필요하지. 그래서 보다 우리 현실에 맞는 방법을 고민하며 관련 도서를 찾아보고 사례를 뒤지며 계속 학습했어. 그래서 빅 데이터가 아니라 스몰 데이터가 답이라는 결론을 내렸지.

생각해보면 내 삶과 일에 엄청나게 큰 데이터가 필요하지는 않잖아. 모으고 저장하기도 힘들지만 정확히 분석하기는 더욱 힘들지. 그러나 조금만 자세히 들여다보면 내 삶과 일은 내가 생각하고 관리가 가능한 작은 데이터로 이루어져 있어. 우리가 그동안 데이터를 기반으로 하지 않고 경험과 감으로 일해서 그렇지, 알고 보면 작고 다양한 데이터로 이루어져 있지. 그리고 이 데이터들이 수시로 변화를 일으켜 삶과 일에 지속해서 영향을 미친다는 것을 알 수 있어.

데이터 자체보다 데이터가 갖는 패턴이 중요해

우리는 데이터의 정확한 정체를 알아야 해. 데이터는 자기가 답이라는 착각을 일으키게 할 뿐 답이 아니야. 언젠가 말했듯이 데이터는 고객이 남기고 간 찌꺼기를 쌓아놓은 것에 불과하지. 쓰레기를 쌓아놓으면 난지도지만 잘 활용하면 자원이 되고 하늘공원으로 바뀐다고 생각하면 될 거야.

데이터 자체가 답이 아니라 데이터가 갖는 패턴이 중요해. 고객이 남기고 간 흔적을 찾아 어떤 패턴으로 움직였고 앞으로 어떻게 움직일지 찾는 거야. 데이터 경영이란 지금까지 알려지지 않은 패턴을 발견하는 일이라고 하면 쉽게 이해가 가지 않을까 싶어.

모든 발명과 발견이 그렇듯 패턴의 발견 역시 고객이 함께 구매하는 상품과 전혀 상관관계가 없어 보이는 것에서 상관도를 발견하는 일이야. 지난 워크숍 때도 간단하게 언급했지만 잘 알려진 초기 데이터 경영의 사례를 보면 더 쉽게 이해가 되겠지. 미국의 슈퍼마켓 체인점에서 일어난 일이야. 이 매장에서 고객의 판매 영수증 자료를 모두 데이터베이스화한 후 사람들이 구매한 제품리스트에 대해서 상관관계를 찾아 분류하다 보니 종이 기저귀를 사러 오는 고객 중 대부분이 맥주를 동시에 구입한다는 재미있는 패턴을 발견했어. 그래서 현장을 유심히 관찰한 매장 담당자는 기저귀를 사는 사람이 엄마가 아니라 아빠란 사실을 알게 되었지. 이는 퇴근길에 기저귀 심부름을 부탁받은 아빠들이 기저귀와 더불어 맥주를 사기 때문이었지. 이 체인점에서는 이런 패턴을 기반으로 맥주 판매대와 종이 기저귀 판매대를 인접 동선에 배치함으로써 맥주의 판매량을 증대시킬 수 있었던 거야.

이 사례가 신선하지 않다면 2015년 통계청 수기공모전 최우수상을 받은 허성일씨의 '통계로 튀기는 치킨' 사례를 간단하게 언급할게(자세한 내용은 통계청 홈페이지에서 찾아 꼭 읽어보길 바라.). 은행을 다니던 아버지가 시작한 치킨집을 돕기 위해 데이터를 활용한 거야. 계절, 날씨, 기념일 등 단순한 속성을 데이터로 정리해 매일매일 닭고기의 수요를 예측하는 모델을 만들어 매출을 올리고 있다고 해. 데이터를 활용해 계절, 날씨, 기념일 등이 갖는 패턴을 찾은 거야.

수기에는 허성일 씨가 그대에게 일은 이렇게 하는 거야 하며 꼭 전하란 내용이 있어. "처음에 통계분석을 하겠다고 자료를 수집할 때만 해도 컴퓨터와 씨름하느니 전단지(할인권) 한 장 더 돌리는 게 낫지 않겠냐고 미심쩍어하던 가족들도 닭고기 소비량을 예측하고, 매출액을 미리 가늠하게 해주는 통계의 마술에 새삼 놀라는 눈치다." 이 말을 전하라는 이유를 알겠지? 할인 전단지를 뿌리며 거리를 헤매지 말라는 거야. 이제 좀 이해가 가나? 쌓아놓은 데이터가 답이 아니라 데이터가 가지는 패턴의 발견이 중요하다는 말이야.

데이터에 질문해야 해

그런데 이런 패턴을 찾기 위해서는 선행되어야 하는 게 있어. 바로 데이터에 질문할 줄 알아야 해. 사람에게 질문하는 것도 익숙하지 않은데 어떻게 숫자에 질문할 수 있냐고 반문하는 그대의 표정이 상상이 되는군. 숫자에 질문하기는 어렵지 않아. 평상시와 다르게 보이는 숫자에 묻는 거야. 이렇게 말이야. "넌 뭐니?" 하루도 같은 날이 없듯이 내가 하는 일의 데이터 역시 단 하루도 같지 않거든. 잔잔한 파도 속에 변화를 읽는 게 마냥 쉽지는 않겠지. 여기서 중요한 것은 정기적, 비정기적으로 내 눈에 들어올 정도로 변화를 일으키는 데이터에 질문하란 거야. 그리고 그 숫자에 대해 '데이터 마이닝'을 해보는 거야.

데이터 마이닝이라고 하니 또 그대의 눈이 커지는 것 같은데 거창하게 생각할 필요는 없어. 간단히 말해 정확하게 수치화하기 힘든 데이터 간의 유용한 상관관계를 찾아내는 과정이야. 구글이나 넷플릭스 같은 곳은 고도의 기술로 데이터 마이닝을 하고 있어. 앞선 사례에서 보듯이 종이 기저귀가 팔리는 날짜와 시간에 왜 맥주가 많이 팔리는지 기저귀와 맥주 그리고 날짜와 시간의 연관성을 찾아보는 거야.

영화관의 사례도 있어. 모 카드사에서 분석한 영화 vs 밥의 상관관계를 분석한 자료야. 지난해 10~12월 휴일에 영화 보고 밥을 먹은 52만 명의 카드 결제 내역을 분석해보니 영화 먼저가 59%,

밥 먼저가 41%로 나왔다는 거야. 더 중요한 것은 40대는 주로 오전 9시대에 영화를 보고 20대는 오후 2시 정도에 가장 많이 관람한다고 나왔어. 그러니까 여가가 한정되어 있고 식사 시간을 칼같이 지키는 경향이 있는 40대는 오전에 영화부터 본 다음 밥을 먹고 오후에는 휴식하는 패턴으로 움직인다는 뜻이야. 그런데 비교적 자유롭고 시간적인 여유가 있는 20대는 늦은 오전에 만나 점심을 먼저 먹고 오후에 영화를 본다는 얘기지. 그리고 오후에서 저녁까지 점점 높아지는 비율을 보인다는 거야. 이런 분석을 통해 상영 시간표를 작성한다면 입장객 증대는 물론 팝콘 매출과도 연결되는, 더욱 효율적인 상영 계획이 되지 않을까? 영화와 밥은 별로 상관관계가 없을 것 같지만 밀접한 상관도가 있다는 것을 이제 알겠지. 사실 이 정도의 분석은 우리가 가진 데이터로도 충분히 가능한 일이잖아.

내가 스몰 데이터에서 답을 찾으라고 하는 것은 또 다른 이유가 있어. 최근 나는 시계 대신 스마트워치를 통해 건강을 관리하는데 걷는 횟수와 거리, 시간, 칼로리 소비 등 목표치를 설정하고 다양한 데이터를 모으고 있어. 생활의 다양한 데이터 관리로 보이지 않는 내분비계열 관리까지 하는 셈이지. 다르게 말하면 활동 상태를 지속해서 관리하는 거야. 데이터의 개인화는 건강관리뿐만 아니라 일상의 모든 활동을 데이터로 관리하는 시대가 되었음을 의미하지. 자기 측정에 대한 고객의 관심이 높아지고, 소소한 데이터가 그만큼 우리 생활에 직간접적으로 연결되는 시대를 맞고 있는 거야.

이미 넷플릭스(영화 TV 프로그램을 요금제로 제공)나 왓챠(영화 추천 서비스 제공)같은 기업은 데이터의 개인화를 통해 비즈니스 영역을 확대해가고 있어. 그렇기 때문에 스몰 데이터 경영을 통해 개인 맞춤형 서비스를 실현해야 하는 거야. 모든 비즈니스의 방향은 모바일과 스몰 데이터의 개인화가 될 거라고 생각해.

그러나 숲을 이해하고 나서 나무를 봐야 한다는 원칙을 잊어서는 안 돼. 빅 데이터에 대한 이해 없이 스몰 데이터를 활용할 순 없지. 빅 데이터가 트렌드라면 스몰 데이터는 트렌드를 형성하는 활동이라 할 수 있어. 그러므로 트렌드를 알고 그런 트렌드 상황에서 고객의 활동을 데이터베이스화하는 거야. 고객의 활동이 만드는 패턴에 바로 우리가 찾는 답이 있어.

일이 재미없는 것은 어제와 같은 일을 오늘도 동일한 방식으로 하기 때문이야. 어제 같은 일이 반복되는 것은 경험과 감으로 하기 때문이고. 그러나 데이터를 기반으로 하는 일은 매일매일 새롭고 다른 일이 될 거야. 데이터는 단 하루도 같은 적이 없고 같을 수도 없기 때문이지. 어쩌면 데이터의 다양한 상관관계를 발견하는 것이 일의 재미를 발견하는 것과 동의어일지도 몰라. 아니 같은 뜻이라고 해도 좋을 거야.

이제 그대에게도 일이 재미있는 놀이가 되겠지. 일이 좋아지게 될 거야.

보이지 않는 풍경

변화는 특별한 사람의 전유물이 아니라 지금의 자신에게 불만이 있는 사람의 주제이며 다시 시작해보고 싶은 사람의 관심사이고 성장을 꿈꾸는 사람의 화두다. 변화가 필요로 하는 에너지는 성장을 꿈꾸는 자가 느끼는 자신에 대한 분노이며 창조적인 증오다.

매일 달려가 해야 할 일로 가득한 현장이야말로 변화를 위한 최고의 실험실이다. 어제 했던 방법과 다른 방법을 찾는 것이 배움이고, 머릿속 생각에 따라 실행한 새로운 방법이 현장에서 의도한 대로 작동하는지 실험하는 것이 배움이다. 그리고 새로 터득한 방법을 기록하고 범용화하여 조직에 유통하는 것이 배움의 실천이다.

1. 질문을 많이 하라.

- 질문하는 것은 자기의 고정관념을 깨고, 다른 사람과 상호작용을 통해 더 좋은 생각의 탄생을 만드는 것이다. 질문을 통해 우리는 더 좋은 답을 만들 수 있다. 좋은 질문이 좋은 일의 기준이 된다.

2. 느낌 있게 일하라.

- 이성으로 하는 일은 일 속에 빠져 있는 것이고, 감성으로 하는 일은 고객을 위한 일이 된다. 지극히 개인화된 사회에서 중요한 것은 감성이다. 고객을 위한 좋은 일의 조건은 오감(시각, 미각, 청각, 후각, 촉각)으로 느끼게 하는 일이다.

3. 스몰 데이터를 보는 습관을 지녀라.

- 빅 데이터가 하나의 패턴이라면 스몰 데이터는 고객의 일상이다. 고객의 일상을 이해하는 게 내가 찾는 답이다.

회사가 원
성장
공식

하는

4

아기는 태어나 걷고 말하기까지 수없이 넘어지고 일어서기를 반복하고, 엄마, 아빠를 부르기 위해 끝없이 도전한다. 누구도 아기의 이런 행동을 실패로 규정짓지 않는 것은 성장 과정임을 알기 때문이다. 스스로 넘어지고 일어서기를 반복하는 것은 성찰과 학습을 전제로 한다. 우리는 이런 성찰과 학습을 통해 성장한다는 것을 기억하고 행동해야 한다. 성장이란 목표가 아니라 성찰과 학습을 통해 자기를 완성해가는 과정이다.

자기를 완성해가려면 나를 알고 이해하는 작업이 선행되어야 한다. 자기를 움직이는 힘을 알아야 하는 것이다. 단지 강점과 약점을 아는 것이 아니라 자신이 원하는 바와 자신이 가지고 있는 재능과 역량을 알고, 자신에게 소중한 가치를 알아야 한다. 우리가 성장하지 못하는 것이 목표가 없고 열정이 없어서만은 아니다. 나를 잘 알지 못하는 것이 더 큰 이유다. 성장은 자신과 좋은 관계를 맺으면서 더 나은 최선의 나를 만들어가는 것이기 때문에 자신에 대한 인식과 이해가 선행되어야 한다.

성장이란 자신의 내면으로 깊이깊이 들어가는 것이다. 자신의 내면으로 깊이 들어가는 집중의 상태를 바로 몰입이라고 한다. 몰입이론의 창시자 미하이 칙센트미하이는 "몰입은 의식이 경험으로 꽉 차 있는 상태다. 이때 각각의 경험은 서로 조화를 이룬다. 느끼는 것, 바라는 것, 생각하는 것이 하나로 어우러지는 것이다"라고 했다. 그는 삶을 훌륭하게 가꾸어주는 것은 행복감이 아니라 깊이 빠져드는 몰입이라고 단언하며, 몰입에 뒤이어 오는 행복감은 자신의 힘으로 만들어낸 것이어서 우리의 의식을 그만큼 고양시킨다고 보았다. 몰입으로 일과 놀이가 하나로 어우러지는 삶이 바람직하고 건강한 삶이라는 게 그의 설명이다. 행위의 주체는 사라지고 행위가 저절로 이어지는 상태, 그런 몰입의 상태가 기쁨이고 자아 해방이고 행복의 순간이다.

성장은 선택이 아니라 필수

인간은 나 홀로 존재할 수도 없고 나 홀로 행복할 수도 없는 존재다. 혼자라면 성장에 의미가 없다. 누구나 서로 좋은 관계를 갈망하고, 따뜻하고 가깝고 다정한 관계를 원한다. 누군가에게 이해받고 공감받기를 바라며 나의 욕구에 상대가 응해주기를 바란다. 궁극적으로 우리를 살아가게 하고 움직이게 하는 것은 관계다. 따라서 나를 제대로 알려면 너에게 비친 나를 알아야 한다. 성장은 나와 너의 관계, 자신과 가족, 직장, 사회 더 나아가 세계와의 관계를 바르게 정립해가는 변화의 과정이다.

그러므로 성장은 목표가 아니라 과정이다. 우리는 우리가 받아들이는 것들 때문에 변하고, 우리가 받아들인 것들은 우리의 받아들임을 통해 변하므로 시간의 흐름을 따라 스스로 받아들여 변화한다. 성장하는 과정 자체가 중요하다. 이러한 관계 속에 변화를 받아들이는 것이 소통이다. 소통은 다름을 인정하는 것이다. 직장이나 사회에서 소통이 되지 않는 이유는 다름을 인정하지 않는 데 있다. 그것은 상대에 대한 배려가 없다는 것이다. 소통은 자신의 머릿속에 있는 것을 전달하는 일이 아니라 상대방 머릿속에 있는

것을 끌어내 받아들이는 일이다.

  톨스토이는 "이승에서 인간이 얻는 최고의 행복은 사람들과의 융합과 일치다"라고 했다. 사람들과의 융합과 일치란 공감이다. 공감은 우리가 다른 사람의 의미 있는 경험을 공유할 수 있게 해 준다. 아이들은 놀이 속에서 공감하는 법을 배운다. 다른 역할, 다른 상황에 대입하여 상상력을 펼치고 저 사람이라면 이렇게 느끼고 생각하고 행동하리라 판단하고, 그것에 따라 느끼고 생각하고 행동하려 한다. 소꿉장난 속의 역할놀이를 통해 공감의 확장이 이루어지는 것이다.

  어제는 역사이고, 미래는 미스터리이고, 그리고 오늘은 선물이라고 한다. 현재의 순간순간이 삶의 소중한 선물이고 기쁨이다. 신이 창조한 날을 미래로 착각해서는 안 된다. 신은 오직 오늘만을 창조했다. 오늘 속에 어제와 내일을 만드는 것은 우리 자신이다. 오늘이 충만함과 풍요로운 시간으로 채워지는 한 우리의 삶은 무의미하지 않을 것이다. 어제 죽은 것처럼 오늘을 살고 영원히 살 것처럼 배워야 한다. 그것은 변화를 수용하는 삶이고 시간과 더불어 사는 삶이다. 시간과 함께 살 때 성장은 멈춤이 없다. 삶에서 성장은 선택이 아니라 필수이며 실존의 주체인 것이다. 성장이 멈추면 삶에 행복도 없다. 성장은 우리에게 지속적인 기쁨과 더없는 행복을 주기 때문이다. 이것이 살아있는 것들이 성장을 멈출 수 없는 이유다.

그래서 안 웃기는 이야기들에게

내가 지금도 대중교통을 고집하는 것은 오직 독서의 즐거움 때문이야. 모두에게 출근길 지하철이 모바일게임방일 때 나에게는 도서관이 되지. 간혹 전화 소리에 방해받을 때도 있지만 모두가 게임에 열중하니 생각보다 조용한 분위기가 연출되는 공간이야. 또한 지하철 안의 작은 세상을 보고 읽는 것도 즐거운 독서활동이지.

    지식은 이미 학습의 단계를 벗어나 찾는 기술로 변한 지 오래고, 책은 사람들 손에서 멀어지고 그 자리에 그립감 좋은 휴대폰이 자리했어. 꾸준히 오래 해서 얻어지는 것에 대한 신뢰는 떨어지고 원하는 반응이 즉각 나오는 포털에 의존하면서 진득함은 사라지고 경박함만 존재해. 우리는 지금 스스로 곱씹어 소화할 기능을 잃고 누군가 떠먹여주는 수프를 받아넘기는 환자가 되어가고 있지. 그러다 보니 모두 어디로 가야 하는지도 모르고 빨리 가려고만 하고 너도나도 생각 없이 따라가는 현상이 벌어지고 있어.

"지금 벌어지는 일들이 무슨 일인지 아니?"
"나도 방금 도착했어." 그 애벌레가 대답했습니다.
"아무도 설명할 시간적 여유가 없어. 그들이 가는 곳이 어디이건 간에 꼭대기로 올라가려고 정신이 없단다."
"그렇다면 꼭대기엔 무엇이 있을까?" 하고 그가 다시 물었습니다.
"그건 아무도 몰라. 하지만 틀림없이 굉장한 것이 있을 거야. 안녕. 나도 더 이상 시간이 없어!"
그 애벌레는 그 더미 속으로 뛰어들어갔습니다…. 밟고 기어오르느냐 밟히느냐 그것뿐이었습니다.

《꽃들에게 희망을》(트리나 폴러스 저, 김석희 역, 시공사, 2006.)에 나오는 이야기 일부야. 어째 지금 우리에게 일어나는 현상을 잘 표현한 것 같지 않나?

사람들이 독서와 멀어질수록 독서는 더 중요해져

그대는 이러한 현상이 왜 일어난다고 생각해? 그것은 바로 생각이 없어서 일어나는 현상이고, 생각 없음은 독서의 부재에서 오는 거야. 나는 독서를 통해서만 생각이 깊어진다고 봐. 현대 사회에서는 독서의 중요성이 더 커졌어. 많은 사람들이 독서와 멀어질수록 독서는 더 중요해진다는 사실을 알아야 해. 나는 책을 안 읽고서 어떻게 생각이 깊어지고 발전할 수 있는지 모르겠군. 감히 독서야말로 사람을 성장시키는 유일한 도구라고 말하겠어.

그대가 시간이 되어 진급하는 것을 성장이라고 착각하면 안 돼. 그것은 단지 그대에게 책임 범위가 좀 더 커졌음을 의미할 뿐이지. 성장이란 아름다움을 뜻하는 거야. 언젠가 얘기했지? 아름다울 '美'는 '羊+大' 합성어로 양이 큰 것 즉, 성장을 뜻한다고 말이야. 성장은 사회적 지위가 높아지는 게 아니라 스스로 지적 성숙을 이루어가는 거야.

누구나 성장을 꿈꾸면서 성장을 위한 준비는 하지 않는 것은 마치 배부르기를 바라면서 먹거리를 구하는 데 게으름을 피우고, 따뜻하기를 원하면서 땔감을 구하는 데 나태한 것과 같아. 성장 없이 재물을 아무리 많이 모았다고 한들 그것이 내 삶을 오롯이 지켜주지는 못해. 나를 든든히 지켜주며 성장시켜주는 것은 오직 독서하는 습관뿐이야. 모두가 게임 삼매경에 빠져 있을 때 그대가 독서 삼매경에 빠진다면 그것만큼 확실한 투자는 없을 거야.

그럼 성장을 위한 책 읽기는 어떻게 하는 것일까? 먼저 책하고 어떻게 친해질 수 있을까? 아무리 포털에 의존하여 사는 시대라고 하여도 그대에게도 관심사 하나쯤은 있을 거야. 오래된 관심사도 좋고 최근에 관심이 생긴 것도 좋아. 그 관심사를 다룬 책을 먼저

봐. 즉 그대의 마음이 이끄는 책부터 보라는 거야. 지금까지 책을 멀리하던 그대가 서점을 찾아간다는 건 쉬운 일은 아니겠지? 책을 사러 가기 전에 포털사이트에서 그대의 관심사를 한번 검색해봐. 내 관심사에 대해 전혀 예상치도 못한 생각을 하는 사람들과 그 주제를 다룬 많은 책을 만날 수 있을 거야. 그중에 마음을 끄는 책을 선택하고 서점으로 가는 거야. 거기 가면 생각보다 더 다양한 주제를 다룬 수많은 책을 보고 한 번 더 놀라게 될 텐데 그 놀라움이 그대를 독서의 길로 인도할 거야.

예전엔 나도 일 년에 한두 권 정도의 책을 읽는 사람이었어. 그래도 변화는 늘 내 관심사였지. 그러다 우연히 《익숙한 것과의 결별》(구본형 저, 을유문화사, 2007.)이란 책을 만났는데 내 관심사는 말 그대로 관심에 불과하단 걸 알았어. 위기감을 느꼈지. 내가 그저 관심에 그치고 꿈속에 있을 때 누군가는 더 많이 생각하고 실천하고 있다는 걸 깨달은 거야. 내가 얼마나 안이한 생각 속에 그저 그런 삶을 살고 있는지 반성했어.

그때 처음으로 내가 되고 싶다는 생각이 들면서 하루하루의 일상을 바꾸고 싶어졌고 더 좋은 존재가 될 수 있다는 생각과 확신을 가질 수 있었어. 또한 일에는 늘 다른 방법이 더 있다는 것을 믿게 되었고, 이런 생각을 하는 나를 좋아하게 되었지. 이 한 권의 책이 책을 좋아하는 길로 나를 안내했어. 먼저 그대의 관심사가 무엇인지 생각해봐.

그리고 자기 관심 분야의 책이 선택되면 먼저 저자에 관한 공부가 필요해. 나를 초대해준 사람에 대해 관심을 두는 걸로 생각하면 좋아. 그게 관계를 위한 예의이고 저자의 시대적 상황과 과거와 현재를 알면 책을 이해하는 데 큰 도움이 되기 때문이야. 저자의 삶이 곧 책이니까.

독서에 익숙하지 않은 사람들 대부분은 목차를 보고 바로 본문으로 들어가는데 서문에는 집필 동기 및 저자의 생각과 책의 내용이 정리되어 있으니 꼼꼼히 읽어야 해. 저자가 가장 고심하고 쓰는 게 서문이야. 또한 서문은 저자의 집필 동기와 독자의 구독 동기가 공감을 이루는 곳이기도 하지. 공감되어야 내 마음이 작동하고 공명할 수 있잖아.

마음이 기억하도록 펜과 형광펜을 준비해

본문은 속독하기보단 정독하는 게 좋아. 많은 책을 읽는 것보다 느끼고 배우는 게 중요하기 때문이지. 여행은 스스로 경험하며 오감으로 느끼는 것이라 시간이 지나도 내 마음속에 오래 남아 있지만 책은 간접 경험이기 때문에 쉽게 잊힐 수 있어. 물론 감동하면 오래 기억되지만. 그래서 나는 머리의 기억보다 마음의 기억을 더 신뢰해. 독서할 때는 마음이 기억할 수 있도록 펜과 형광펜 준비하는 것을 잊지 마.

형광펜은 내 마음을 무찔러 드는 즉, 감동을 주는 단어와 문장에 사용하고, 펜은 저자의 생각 중 의문이 가는 내용에 내 생각을 간단히 정리하여 메모하는 데 쓰는 거야. 저자의 생각에 무조건 동조하지 말고 의문을 가지는 게 중요해. 의문은 의심과는 달라. 공부는 답을 외우는 게 아니라 의문을 품으면서부터 시작되는 거야. 저자의 생각에 '왜'와 '어떻게'란 의문을 가져. 비판 없이 읽지 말고 따져가며 읽으라고. 의문을 일으켜 의심을 제거한다면 비로소 앎이 되기 때문이야.

이렇게 읽고 나서 감동을 준 문장만 별도로 다시 워드나 노트로 정리하면 좋아. 페이지 순서로 문장을 정리하면, 쓰면서 한 번 더 감동하게 되어 마음속에 오래 머물 수 있지. 그리고 시간이 지나 한 번씩 읽어보면 짧은 시간에 전에 읽었던 책을 다시 읽는 것 같은 효과가 있어. 문장과 문장 사이의 활자가 다시 살아나 사이를 채워주거든. 또한 잘 정리된 토피카는 나를 표현하는 데 유용하게 쓸 수 있어. 읽는다는 것은 결국 쓰거나 활용하여 나를 표현하기 위함이야. 그러니 읽고 나면 꼭 정리하거나 리뷰를 쓰는 습관을 갖도록 해.

처음에는 아무리 관심 있는 책이라도 30분을 버티기가 어려운 법이야. 내 경험으로는 이때 좋은 방법이 역사소설을 읽는 거야. 나는 진짜 독하게 마음먹고 조정래의 《태백산맥》이라는 대하소설을 택했지만 대하소설보다는 장편소설이 개인적으로는 좋다고 생각해. 굳이 추천해달라면 남자에게는 김훈의 소설 《칼의 노래》와 《남한산성》을 추천하고 싶고 여자에게는 김별아의 소설 《미실》과

나를 든든히 지켜주며 성장시켜주는 것은 오직 독서하는 습관뿐이야.

《논개》를 추천하고 싶어. 두 작가의 소설은 재미있어. 어떤 책이든 재미가 있어야 감성이 작동하잖아. 이성은 모두의 것이지만 감성은 나의 것이거든. 나의 것이 되어야 내 마음이 작동하는 거야. 그리고 두 작가가 표현하는 언어는 탁월하여 마음을 사로잡히기에 충분할 거야. 물론 그대의 마음이 끌려야겠지만.

앞에서도 얘기했지만 많이 읽는다고 다 좋은 건 아니야. 내 마음을 열어준 몇 권의 책을 가까이 두고 자주 보는 것도 하나의 방법이지. 물론 책을 한두 권 읽다 보면 어느 순간 다독의 길이 열리기도 해. 이때 독서는 콩나물을 기르는 것처럼 물을 부으면 물은 금방 밑으로 빠지지만 그래도 콩나물은 자라듯이 읽고 나서 내용은 잘 기억나지 않지만 어느 날부터 내가 사용하는 언어가 달라고 생각이 달라졌다는 걸 알게 되지. 이것이 독서의 효과야.

그러니 그대의 마음을 열어준 책은 오래 곱씹어 내 오장육부로 양분을 흡수하여 건강한 나를 지탱하는 자양분으로 쓰라는 거야. 나도 머리맡에 두고 읽는 책이 있어. 사마천의 《사기열전》, 신영복의 《강의》, 니체의 《차라투스트라는 이렇게 말했다》. 최근에는 강신주의 《감정수업》도 가까이 두고 보는 중이야.

우리가 독서로 얻고자 하는 바는 원래의 나를 찾고 지키는 거야. 책을 읽는 지적 활동을 통해 내 안의 수많은 잠재성이 작동하게 하는 거야. 변화관리 책을 읽고도 어제의 모습 그대로라면 마음이 작동하지 못한 것이고, 창의성에 관한 책을 읽고도 창의적인 생각을 하지 않는 것 역시 마음이 작동하지 못한 거야. 내 안에 재미, 감탄, 감동이 생겨나지 않는 독서는 의미가 없어. 독서는 우리의 이성이 아니라 감성이 작동하는 활동이기 때문이지.

박웅현은 《책은 도끼다》(북하우스, 2011.)의 서문에 이렇게 썼어.

> 내가 읽은 책들은 나의 도끼였다. 나의 얼어붙은 감성을 깨뜨리고 잠자던 세포를 깨우는 도끼. 도끼 자국들은 내 머릿속에 선명한 흔적을 남겼다. 어찌 잊겠는가? 한 줄 한 줄 읽을 때마다 쩌렁쩌렁 울리던, 그 얼음이 깨지는 소리를.
>
> 시간이 흐르고 보니 얼음이 깨진 곳에 싹이 올라오고 있었다. 그전에는 보이지 않던 것들이 보이고, 느껴지지 않던 것들이 느껴지기 시작했다. 촉수가 예민해진 것이다.

결국 독서를 통해서 성장과 자기 확장이 이루어져. 성장하는 개인이 많아야 조직도 함께 성장하고 지속할 수 있어. 명심해, 성장 없는 개인이나 조직은 위험하다는 것을.

나는 그대가 계속 성장하는 젊은이로 남았으면 좋겠어. 일찍 늙어버리지 말길.

인사이드 애플

끊임없는 혁신과 653억 달러의 투자가치

애덤 라신스키 지음 | 임정욱 옮김

몽골의 초원은 한 번도 그곳이 그곳인 적이 없다. 거대한 자연의 재앙을 피해 끊임없이 이동하여 얻는 다른 자연이다. 재앙은 견딜 수 없는 무서움이고 생명을 위협한다. 가뭄은 한 줌의 풀도 허용하지 않고 강추위는 하나의 생명도 남기지 않는다.

1999년 12월 31일 세계는 밀레니엄을 맞이하여 들떠 있을 때 몽골 고원은 300만 가축들이 죽음의 축제를 맞았다. 강(Gan)이리고 하는 가뭄과 쪼드(Dzud)라고 하는 강추위가 연이어 들이닥쳐 300만 마리가 넘는 가축이 죽었다. 가축이 죽으면 사람도 먹을 것이 없어 따라 죽는다. 죽어 널브러진 가축들 곁에서 유목민의 최고의 가치는 '살아남는 것'이다.

몽골인들의 이동은 살아남기 위한 선택이다. 급기야 칭기즈칸을 따라 고원 밖으로 하루에도 수백 킬로미터의 대지를 달리기 시작했다. 그들이 질주하는 여정을 따라 세계 질서가 그들 눈앞에서 바뀌는 것을 보았다. 그들 앞에 무릎 꿇는 농경 정착민들을 보면서 머물러 사는 자의 안락이 얼마나 무서운 것인가를 목격했다. 그리고 칭기즈칸은 말한다. "성을 쌓고 사는 자는 반드시 망할 것이며 끊임없이 이동하는 자만이 살아남을 것이다."
고인 물은 썩지만 흐르는 물은 절대 썩는 법이 없이 흘러 작은 강이 큰 강이 되고 바다가 되듯이 쌓지 않고 끊임없이 이동하여 제국이 탄생한 것이다.

김종래의 《CEO 칭기스칸》(삼성경제연구소, 2002.)에 나온 내용을 조금 각색한 것인데 나는 이 이야기를 그대에게 꼭 전해주고 싶었어. 그때와 전혀 다를 바 없이 개인이든 기업이든 살아남는 것이 최고의 가치이고 그러기 위해 끊임없이 성장을 추구해야 하는데 인사철만 되면 안절부절못하고 한 곳에 안주하려는 그대의 마음에 경종을 울려주고 싶었기 때문이야.

성을 쌓지 말고 끊임없이 이동해야 하는 이유

그때나 지금이나 안주하려는 사람은 죽음을 면치 못한다는 사실을 알아야 해. 지금 우리는 칭기스칸 때보다 더 빠르고 치열하게 변하는 신 유목의 시대를 살아가고 있어. 유목의 시대에는 영토를 놓고 싸웠다면 신 유목의 시대는 경제적 부와 가치를 놓고 싸운다는 게 다를 뿐이지. 옛날엔 병사가 갑옷을 입고 창과 칼을 들고 말을 타고 싸웠다면 지금은 그대가 그렇듯이 다양한 지식과 정보로 무장하고 컴퓨터로 인터넷이란 가상의 공간에서 언제 어디서 출현할지 모르는 경쟁자들과 싸우지. 그러나 승리한 자의 영광과 패배한 자의 몰락은 그때나 지금이나 다르지 않다는 사실을 잊어서는 안 돼.

우리는 지금 밤낮 없이 소리 없는 총성이 울리는, 하루에도 수많은 기업이 사라지고 새로운 기업이 탄생하는 시대에 살고 있어. 절대 무너질 리 없는 철옹성 같던 GM, 코닥, 노키아 등 글로벌 기업이 몰락하는 것을 통해 성공이라는 성에 갇혀 안주하는 게 얼마나 위험한 일인지를 두 눈으로 확인하지 않았나? 반면에 구글, 아마존, 페이스북, 그리고 우버나 짚카 같이 생각지도 못한 기업들이 출현해 세상의 변화를 이끌어가고 있어.

그런가 하면 전세자금을 은행에서 조금 빌린 사람까지도 우리와는 전혀 관련 없을 것 같던 미국의 금리 변화에 선고 공판이라도 기다리는 듯 촉각을 곤두세우고 있어. 이쯤 되면 언제 어디서 어떻게 우리의 성이 공격받을지 모르는 긴급한 상황이라는 걸 알겠지? 그러니 먼저 움직여야 하고 앞서가지 않으면 안 되는 거야. 이것만으로도 조직이 성을 쌓지 말고 끊임없이 이동해야 하는 이유가 되고도 남아.

그럼 조직 속의 구성원은 어떨까?

그대가 오늘도 가장 많이 들은 말을 생각해봐. 아마 융합, 집단지성, 통섭, 소통 등 혼합을 강조하는 용어를 마치 조직의 공통어라고 느껴질 만큼 많이 들었을 거야. 이러한 단어는 기업과 같은 조직에서만 사용하는 게 아니라 대학에서도 사용하고 있어. 대학 교육도 이러한 방향으로 변화가 이루어지고 있는 거야. 공대에서 경영학 수업이 이루어지고, 이공계와 인문학이 교차하고, 공학과 예술이 공존해. 미국 코넬대학교 같은 곳은 컴퓨터, 경영, 공학을 하나로 통합한 대학원을 설립해서 융합형 교육을 진행하고 있어. 한 가지만 고집하는 전문가 시대의 막을 내리고 있는 거야.

직장에서도 이러한 현상은 어렵지 않게 볼 수 있지. 주변을 한 번 살펴봐. 그대가 한자리에 안주하는 동안 그대의 동료는 벌써 유목민처럼 많은 부서의 업무를 경험하며 조직의 의사결정에 자기 의견을 표현하고 있어. 순환고리를 이용하여 주기적으로 자기 이력을 관리하며 리더의 역량을 쌓고 있지. 2~3년의 순환 보직 경험을 현재 업무와 연결하고 결합하여 지식의 융합과 통찰로 새로운 생각과 가치를 만들어내고 있는 거야. 그 친구는 어떻게 저런 생각을 할 수 있을까? 답은 바로 다양한 직무 경험과 학습으로 이룬 지식의 융합에 있어. 다양한 직무 경험은 개인 역량의 절대적 가치인 거야.

그대가 한 가지 직무만 고집하여 이루어낸 게 무엇인가? 고작 제때 일을 처리하는 게 전부라면 그대는 그저 그런 행정가에 불과해. 하는 일을 잘 정리하여 표준 매뉴얼을 만들었다면 그것은 조직원의 창의성을 막는 결정적인 행동을 한 거야. 그대는 아마 그런 일이라도 해야 마음이 편했겠지만 기업이 원하는 건 기존의 질서가 아니라 새로운 가치를 통한 새로운 질서라는 걸 알아야 해.

안주하려는 마음을 두려워해야지

나에게도 잊지 못할 경험이 하나 있어. 나는 한 지역, 한 조직에서 한 업무만 10년을 넘게 하고 있었어. 만나는 사람이 항상 편했고 익숙해진 업무는 큰 노력을 하지 않아도 처리할 수 있었고 시간이 되면 진급할 수 있었지. 이 안전한 성은 시간이 갈수록 더 견고해지리라 착각하기에 충분했어. 그런 착각 속에 생각도 없고, 열정이 식어가는 것도 모르고 그저 안주하고 있었던 거야. 몇 번 이동할 기회가 있었지만 나는 고집을 피우다시피 하며 성 밖으로 나가기를 회피했어. 성 안에 있으면 편안하고 어려움이 없으니 그땐 당연한 결정이었지. 그런 나에게 시대의 가르침이 있었는데 그게 바로 1998년 IMF 구제 금융이었어. 물론 중요한 가르침을 주었지만 많은 사람들에게 잊을 수 없는 아픈 기억이야. 그대도 그때 상황을 조금은 알겠지만 산업현장에 있던 나에게는 잊을 수 없는 충격이었어. 조직은 살아남기 위해 사람을 버려야 했고, 내가 살기 위해서는 떠나는 동료를 붙잡을 수 없었지. 어제의 동료가 끝없는 겨울의 터널을 향해 걸어가는 모습을 애써 외면해야 했어. 게다가 금융은 요동치고 모두에게 가난을 요구하는 사회가 되었지. 내가 보기에 IMF구제 금융에 비하면 그대가 겪은 2008년 금융위기는 아무것도 아니라고 할 정도야.

이때 알았어. 편안함과 익숙함에 안주하여 세상의 변화를 무시하고 산 죄가 얼마나 큰지. 그것은 개인도 조직도 나라도 똑같은 죄목이었으니까. 그 후 나는 편안함을 거부하고 변화를 받아들이기로 했어. 아니 변화의 주체가 되기로 했지. 안정이 보장된 미래를 꿈꾸며 기다리지 않고 나아가기로, 삶을 살아가는 것이 아니라 살아내기로 한 거야. 그때 나를 이끌어주며 내 안에 잠언이 된 말이 "성을 쌓고 사는 자는 반드시 망할 것이며 끊임없이 이동하는 자만이 살아남을 것이다"라는 칭기즈칸의 말이야. 나는 이 말을 그대에게 꼭 들려주고 싶었어. 내가 그랬듯이 그대에게도 꼭 필요하리라 생각해.

그대, 이동을 두려워 말고 성을 쌓고 안주하려는 그대의 마음을 두려워해야 해. 항상 두려움의 대상은 자신임을 잊지 마. 제도와 기준에 의존하는 정착민들의 폐쇄적인 사고를 버리고 끊임없이 이동하면서 새로운 환경에 맞는 정보와 지식을 습득하고, 경험에 의존하지 않고 새로운 경험을 만들어가는 유목민의 사고를 갖기를 바라.

이번 인사이동만큼은 유목민들이 그랬던 것처럼 스스로 쌓은 성을 무너뜨리고 내면의 무거운 짐들을 내려놓고 그대가 욕망하는 업무를 찾아 이동을 희망해봐. 그런 그대를 스스로 좋아하게 될 거야.

나는 그러기를 희망해. 그건 우리의 희망이 될 것이기 때문이야.

엄마 너 차라리 죽어버리는 게 어때에게

일이란 참 오묘하지? 산업화된 일의 발생지라는 영국의 옥스퍼드 사전에는 장장 아홉 페이지에 걸쳐 일을 정의해놓고 있다잖아. 일은 많은 정의만큼 오묘한 활동성이 있어. 특히 거의 모든 활동성은 익숙해지면 벗어나고 싶은 생각이 없는 반면, 일은 못 벗어나 안달일 때가 많거든. 얼마 전 그대가 다른 업무를 한번 해보고 싶다고 한 것도 아마 일의 그런 활동성이 작동한 것이겠지.

그동안 조직은 두 가지의 목적으로 순환 보직이란 제도를 도입하여 운영해왔어. 하나는 개인이 한 업무를 너무 오래 하면 관습에 젖어 나태해질 수 있기 때문이고 또 하나는 다양한 업무 경험을 통해 리더보다는 관리자로서 역량을 키우기 위해서였지. 이 제도는 조직의 필요에 의한 인사 정책이었어. 이후 경영환경이 변하고 개인의 욕구(하고 싶고 바라는 일)와 재능이 중요해지면서 희망 보직이란 정책을 도입하고 있어. 최근 글로벌 기업, 특히 IT와 창의성을 기반으로 하는 기업에서는 개인의 욕망에 충실한 정책으로까지 발전했지.

생각지도 못한 정책을 펴는 기업도 있어. 브라질의 '샘코'는 같은 일을 계속하면 열정을 유지할 수 있는 사람이 아무도 없으며, 특히 업무가 세분되어 있을수록 그렇다는 생각으로 직원들이 다양한 부서에서 다양한 업무를 접하도록 인센티브를 제공하기도 해. 개인들이 재능의 샘에 깊이 파고들어갈 기회와 독립적으로 행동할 기회를 주는 거야. 다만 다른 일에도 관심을 두되 스스로 결정하게 하는 거야. 회사 주도의 근로의욕 고취 프로그램보다 개인이 원하는 새로운 업무가 더 효과적이라고 하는 도발적인 기업 '샘코'의 스토리는 다음에 이야기할 기회를 만들게.

자기 주체성에 대한 욕망

나는 오늘 스스로 결정하는 힘에 대해 그대와 얘기하고 싶어. 그대가 다른 일을 하고 싶다고 할 때 내가 그랬지. "하고 있는 일이나 잘 하세요." 그때 그대의 표정으로 보아 많이 서운했던 것 같아. 그러나 그때 그대는 그 일을 맡은 지 겨우 1년을 조금 넘기고 아직 스스로 자기 일에 완벽한 자신감을 느끼지 못하는 상태였어. 그리고 그대는 입맛에 따라 일을 대하는 것처럼 보였지. 그렇지 않다면 일이 아니라 사람을 피하려고 하는 행동이었을 거야. 나는 순환 보직보다는 희망 보직 제도를 선호하지만 보통 3년을 주기로 하는 순환 보직 제도에서 이 3년이란 시간을 중요하게 생각해. 말콤 글래드웰이《아웃라이어》(노정태 역, 김영사, 2009.)에서 성공하기 위해서는 적어도 1만 시간(하루 3시간씩 10년)이란 시간이 필요하다고 했듯이 한 보직에서 적어도 3년은 경험하고 학습해야 머리와 몸이 기억하기 때문이야. 머리와 몸이 기억하고 있어야 이후에 맡는 업무와 연결하고 융합하여 더욱 창의적으로 일할 수 있지. 그러니 먼저 지금 하는 일에 전문가가 되어야 해.

다음은 내가 희망하는 일이 진짜 내가 원하는 일인가 한 번쯤 의문을 가지란 거야. 내 욕망의 흐름 속에 있는, 하고 싶은 일이자 사회와 조직이 원하는 일을 해야 한단 말이야. 하고 싶은 일과 해야 하는 일, 바라는 일과 바람직한 일 사이에 의문을 가져봐.

내가 하고 싶은 일이 있다는 것은 자기 주체성을 가지고 싶은 욕망에서 비롯되는 거야. 우리가 스스로 결정하는 힘을 기르려는 노력이지. 내 안의 고유한 힘, 즉 타고난 재능과 끼, 나 자신의 욕망을 정면으로 마주하고, 이미 만들어진 사건에 편승하는 게 아니라 나의 사건으로 발동할 수 있느냐 없느냐가 주체성을 결정해. 주체적인 사람이 된다는 것은 보고 듣고 경험하는 모든 일에 내가 중심이 되어 생각하고 활동하는 거야. 우리가 하나의 주체로서 갖는 자화상은 현재의 우리 모습에만 국한되지 않고 되고 싶은 모습, 그리고 되어야만 하는 모습도 해당하기 때문에 주체성은 중요한 거야.

그러니 그대가 지금의 상황을 피하려는 게 아니라면 다른 보직을
희망하는 그대의 생각을 존중해주고 싶어.

전에 새로운 보직 HR과 HRD(인적 자원 개발) 보직에 관심을 두다
가, 그 직무를 수행한 적이 있어. 매년 신입 2~4명 정도를 공채로
채용하던 우리 회사는 지속적으로 성장하며 처음으로 한 기수에 8
명이란 신입사원을 채용하였지. 신입사원들이 내가 맡은 영화관으
로 OJT(직장 내 훈련, 일상적인 직무를 통하여 실시하는 종업원 교육 훈련 방식)
를 받으러 왔는데 그들 스펙을 보고 놀랐어. 8명 모두 내가 직장생
활을 하면서 한 번도 보지 못한 스펙을 갖추고 있었으니 그럴 수밖
에. 지금은 그리 놀랄 일도 아니지만, 그때 내 느낌을 말한다면 처
음으로 후배들을 보며 설레고 조직의 희망을 보는 것 같았어. 이
후배들에게 짧은 OJT만 해주고 보내면 안 될 것 같은 생각에 프로
그램을 하나 진행했는데 그것이 그대도 참여한 적이 있는 웅녀 프
로그램이야.

이 프로그램을 이렇게 설명한 것으로 기억해. 한 마리의 곰이
100일 동안 동굴에서 쓴 쑥과 매운 마늘을 먹고 견뎌 사람이 될
수 있었으니 그대들도 100일 동안 그런 시간과 과정이 필요하다
고. 단군신화의 몸통이라고 할 수 있는 곰과 호랑이의 이야기를 읽
으면서 이 프로그램을 구상했어. 그대도 알다시피 웅녀 프로그램
은 5가지의 과제로 진행했고 100일이 되는 날 우리는 거하게 한
잔 하며 진정한 롯데인이 된 걸 자축했지.

이후에 나는 HR과 HRD 분야로 희망 보직을 꿈꾸며 많은 인사 자료와 인사쟁이들이 만든 카페와 블로그 활동을 통해 더 다양한 지식을 습득하려고 노력했어. 직원들의 역량에 관한 자료를 찾아 공부하고 스크랩도 하고 조직문화에 관한 다양한 사례들을 틈틈이 찾아 연구했지. 시간이 지나 내가 희망하던 인사와 교육업무를 맡게 되었을 때 많은 제도와 문화를 만들기 위한 시도를 할 수 있었어. 준비하고 있을 때 일은 주도적으로 할 수 있으며 일의 주도성을 가질 때 재미있고 보람을 만들 수 있는 거야.

다른 업무의 허브가 될 일을 선택해봐

그럼 희망 보직을 어떻게 준비해야 할까?

먼저 그대의 희망 사항이니 오직 그대 욕망의 흐름에 따라 보직을 생각해봐. 유행에 휩쓸리거나 다른 사람들이 선호하는 보직을 따라 선정하지 말고 그대가 꼭 해보고 싶은 걸 선택해. 그리고 내가 하고 싶어 하는 일이 나와 조직의 성장에 어떤 가치가 있는지 생각하는 거야. 내가 하고 싶은 일과 그 일의 활동성이 나의 성장 동력이 되어야 해. 그 업무가 이후 내가 하고자 하는 또 다른 업무들의 허브가 되는 거야. 그 일이 중심이 되어 다른 일들이 연결되고 교류되는 허브 역할 말이야. 그러니 적어도 한 번쯤은 내가 하고 싶은 일을 하는 게 중요해.

두 번째 중요한 것은 선행학습이야.

나는 사실 선행학습이란 말에 상당한 거부감을 느껴. 그런데도 선행학습을 이야기하는 것은 보통 선행학습은 사교육을 조장하고 여러 사회 문제의 원인을 제공하지만 직장에서 희망 보직에 대한 선행학습은 스스로 학습하는 습관을 갖게 하고 생각을 키워주고 창의를 만들기 때문이야. 또 희망 보직으로 이동했을 때 빠르게 적응하게 해주지. 빠르게 변하는 세상만큼이나 그대에 관한 평가가 빠르게 내려진다는 걸 알아야 해. 상사나 동료에게 기다려주는 배려를 기대해서는 안 돼. 그래서 준비가 필요한 거야.

선행학습의 방법을 알려줄게. 내가 희망 보직을 선택하면 세상의 많은 정보와 미디어를 통해 나오는 내용이 내 기준으로 보이게 되는데 그때 보이는 것을 그냥 흘려보내지 말고 기록하고 스크랩 해보는 거야. 정보와 미디어에 거론되는 내용이 내 관심사항의 트렌드를 말해주기 때문이지. 트렌드 변화의 추이를 알고 잘 반영해야 다음에 내가 그 일을 할 때 시대성을 담을 수 있어. 어떤 일이든 시대성을 담아야 좋은 일이 되거든.

그리고 관련 서적을 한두 권 정도 곁에 두고 보는 게 좋아. 기본적인 메커니즘을 다룬 책 한 권과 사례 중심의 책 한 권을 보면 다양한 경험들이 만든 새로운 질서를 알 수 있지. 가능하면 업과 동질성을 고려해서 책을 선택하길 바라.

세 번째는 네트워크를 만드는 거야. 네트워크는 내적 네트워크와 외적 네트워크를 구분할 수 있는데 먼저 내적인 네트워크는 내가 희망하는 부서에 근무하는 동료와 관계를 맺는 거야. 전문성과 친화력이 있는 사람이면 좋아. 찾는 게 그렇게 어렵지는 않을 거야. 그런 동료는 누가 봐도 빛이 나거든. 업무와 연결해서든 사적으로 말하든 그대가 업무에 관심이 있다고 표현해야 해. 그래야 상대로부터 기본적인 것부터 얻을 수 있어.

외부 네트워크는 개인 블로그나 카페 등 소셜 미디어를 찾아 관계를 맺는 방법이야. 소셜 미디어는 가능하면 현업에 종사하는 사람이 운영하는 곳과 전문가(교수나 전문 강사 등)가 운영하는 곳 양쪽을 다 가입해 정보와 지식을 공유하는 게 좋아. 조직에 속한 사람들이 소셜 미디어를 활용하는 근본적인 이유는 서로 협력하거나 학습하기 위해서야. 다른 사람으로부터, 다른 사람들과 함께 배우는 소셜 러닝이라고 할 수 있지. 지금 우리가 사는 사회는 다른 사람과 함께 함으로써 더욱 현명해지고 더 많은 문제에 도전할 수 있는 사회라는 것을 잊지 마. 그리고 오프라인 모임을 찾아서 하나 정도 참여하는 것도 괜찮은 방법이야. 그곳에도 술이 있고 놀이도 있으니 매일 같은 사람과 어울리는 것보다 관계를 확장하는 데 여러모로 유익할 거야.

누구나 하고 싶은 일은 있어. 그러나 하고 싶은 일을 하고 사는 사람은 별로 없지. 하고 싶은 일을 스스로 결정할 힘은 오직 준비한 사람에게만 생긴다는 걸 잊지 마.

언젠가 그대가 일을 노래하고 춤추며 하는 것을 보고 싶군.

비쩍 여윈 기들이 살지 않는 행성에게

그대가 처음 입사해서 나와 함께 진행한 프로그램 중에 비전 만들기가 있었지. 그때 그대뿐만 아니라 동기생 모두 이 과제를 난감해했고 만들어 제출한 비전은 아주 지엽적이었던 걸로 기억해. 물론 한 번도 자기 목적으로 살아본 경험이 없는 그대들로서는 당연한 결과일지도 몰라. 비전을 세울 줄 모르니 비전의 중요성을 모른다고 봐야겠지. 비전의 중요성을 알아야 비전을 만드는 게 그리 어렵지 않다는 걸 알 수 있는데 말이야. 그래서 언젠가 다른 건 몰라도 비전의 중요성만큼은 꼭 깨닫게 해주고 싶었어. 비전을 세우는 방법과 실천하는 방법에 대해서도 말이야.

예나 지금이나 어른들은 아이에게 항상 이런 질문을 해. '넌 커서 뭐가 되고 싶니?' 어릴 때 이런 질문을 받으면 경찰관이 되고 싶다고 대답했어. 시골 마을에서 술만 먹으면 동네 사람들에게 해코지하는 사람이 있었는데 그 사람을 혼내주고 싶은 마음에서 그랬던 것 같아. 그래도 막연하나마 스스로 무엇이 되고 싶다는 생각을 한 것은 그때가 처음이었어. 그러나 학교에 가고 철이 들면서 그건 단지 꿈일 뿐인 걸 깨닫게 되었지. 그리고 나서는 무엇이 되고 싶다기보다 막연하게 성공신화만을 쫓아왔어. 부와 명예를 부러워하고 더 큰 권력을 원하는 성공 지향적인 삶이 나를 이끌어준다고 착각했지. 아무리 내가 그걸 쫓는다고 삶이 나아지지는 않았어. 반대로 내 생활은 더 각박해지고 힘들기만 했지.

하고 싶고, 잘할 수 있고, 해야 하는 일의 조합

그런 내게 변화를 일으킨 것은 한 TV 프로그램에서 소개된 닉 부이치지란 친구야. 호주 출생으로 태어나면서부터 팔과 다리 없는 그는 누구라도 포기할 수밖에 없는 상황임에도 서핑은 물론 수영보드까지 즐기며 대학까지 마치고 자기 경험을 나누는 삶을 살고 있었어. 나는 그걸 보고 울컥했고 닉의 영상 파일을 컴퓨터에 저장해서 보고 또 봤어. 그리고 내 삶에 대해 깊이 성찰했지. 나는 닉 부이치치로부터 성공이 아니라 삶의 가치를 알게 되었어. 그리고 가치를 지향해야 스트레스에서 벗어날 수 있다는 사실도 깨달았지. 성공을 지향한다는 것은 항상 경쟁을 염두에 두는 것이며 여기에는 비교와 상대를 밟고 일어서야 하는 잔인함과 중압감이 있어.

이것이 우리가 스트레스를 받는 가장 큰 요인이거든. 그렇지만 가치 지향적인 사람에게 경쟁 대상은 오직 '어제의 나'이기 때문에 나를 반성하고 격려하는 성장 에너지를 얻을 수 있지. 좋은 비전을 만들기 위해서는 가치 지향적인 삶이 우선되어야 해.

비전은 한마디로 표현하면 방향성 또는 목적이야. 좀 더 설명하면 내가 하고 싶고, 내가 잘할 수 있고, 내가 해야 하는 일의 조합이지. 기업이든 개인이든 이 3가지의 교차점을 잘 찾아야 좋은 비전이 만들어질 수 있어. 좋은 비전에는 활력이 넘치고 마음이 두근거리는 설렘이 있어야 해. 그래야 살아있는 비전이지.

비전의 중요성은 내가 가고자 하는 방향을 가르쳐 준다는 데 있어. 살다 보면 방황하거나 잠시 길을 잃을 수도 있지만 비전이 있으면 다시 바르게 방향을 찾아갈 수 있지. 비전은 밤하늘의 북극성과 같은 역할을 하는 거야.

길을 잃은 사람에게 북극성이 얼마나 고마운 존재인지 나는 경험을 통해 알고 있거든. 아주 오래전 이야기인데 고등학교를 졸업한 그해 여름 친구들과 지리산 종주를 계획하고 등산을 했어. 그런데 3일째 되는 날 무리한 산행으로 그만 산속에서 밤을 맞이한 거야. 지금이야 기술의 발달로 많은 정보와 경험을 공유하고 있으니 계획에 큰 차질이 없겠지만 그때는 그렇지 못했어. 시간이 밤 9시를 넘겨서 겁이 나고 더는 앞으로 갈 수도 없어 뱀사골 쪽으로 내려가려고 했지만 방향을 찾을 수 없어 헤매고 있었어. 그때 한 친구가 저기 북극성이다 하는 거야. 그래서 우리는 다시 랜턴을 켜고 지도를 확인하며 북극성을 기준으로 방향을 잡아 무사히 하산했어. 북극성 덕분에 더 헤매지 않고 내려갈 수 있었지.

비전을 만들 때 우선해야 하는 일은 자기 자신에 대해 좀 더 깊이 아는 것이야. 자신의 성격은 물론 재능과 기질 등 강점과 약점을 잘 파악해야 하지. 이러한 것을 발견하는 많은 도구가 있지만 대표적인 것이 뒤로 한발 물러서 자신의 과거 활동에서 자기 모습을 보는 방법이야. 하나의 활동을 시작해서 얼마나 빨리 습득했고, 얼마나 빨리 학습 단계를 넘었고, 일하면서 배우지도 않은 새로운 방식과 변화를 추가한 것은 얼마나 되는지 생각해보는 거야. 그동안 제도권 교육 안에서 지식을 전달받고 차이를 좁히는 데 열중해 와서 자기를 관찰하는 데에 익숙하지 않겠지만 몇 개의 사례를 가지고 찾다 보면 자기 내면의 욕구까지 보게 될 거야. 그때 비로소 내가 하고 싶은 일, 잘할 수 있는 일, 그리고 해야 하는 일에 대해 비교적 큰 그림이 그려지는 거야.

이 세 가지는 연결성이 있어야 한다는 것을 잊어서는 안 돼. 물론 내가 하고 싶은 일이 정해지면 자연스럽게 연결되기 마련이야.

비전은 더 좋은 방향으로 바꿔야 생명력이 있어

그럼 내가 하고 싶은 일은 어떻게 찾을까?

먼저 내가 가진 재능과 강점을 중심으로 내가 하고 싶은 일과 성취하고 싶은 일을 구분하여 3~5가지 정도 적어. 비전이란 내 삶의 목적을 세우는 것이기 때문에 지금 하는 일을 너무 염두에 두면 지엽적인 계획서가 되기 쉬워. 그러니 현재의 자기와 타협하지 말고 지금을 넘어 미래의 자기를 그리는 게 중요해. 일과 성취로 구분하여 작성한 다음 두 항목이 교차하는 지점 즉, 하고 싶은 일과 성취하고 싶은 일의 교집합이 미래의 내가 하고 싶은 일이야.

두 번째, 내가 잘할 수 있는 일은 무엇일까? 앞에서 찾은 하고 싶은 일에서 더 역량을 발휘할 수 있는 것이면 좋아. 한 가지 덧붙인다면 잠재력이야. 아직 계발되지는 않았지만 내 안에 욕망하는 게 있을 거야. 잘할 수 있을 것 같아 꼭 해보고 싶은 욕망 말이야. 사람의 성장 가능성은 강점과 잠재력에 있어. 내가 하고 싶은 일과 잘할 수 있는 일이 연결되어야 좋은 비전이지.

세 번째는 내가 해야 하는 일이야. 이것은 조금 의무적인 느낌을 주어 거부감이 들 수도 있지만 내가 하고 싶고 잘하는 일을 하다 보면 사명감이 생기게 되지. 사명감은 누가 시켜서 하는 것이 아니라 숙성의 시간이 지나면 생기는 이로운 중균과 같은 거야. 부나 재능을 기부하는 사람들이 누가 시켜서 하는 것이 아니듯 자기 일에 어느 정도 자부심이 들면 생기는 게 사명감이거든. 내가 해야 하는 일이 바로 사명감이 드는 일이라고 생각하면 앞으로 무엇을 해야 하는지 떠오를 거야. 그 일이 비전에 반영되어야 하지.

앞의 세 가지를 잘 작성했다면 비전을 만들어야 하는데 앞서 이야기했듯이 비전은 매일 봐도 활력과 설렘이 있어야 해. 단어를 신중히 선택하고 은유적인 표현으로 작성해봐. 내 비전은 "배움을 게을리하지 않고 시대와 어울리는 청년의 정신을 가진 좋은 리더가 되어 후배들의 성장을 돕고, 직장인 성장연구소를 설립해 사회에 기여한다"야. 여기서 '게으름'이란 단어는 활동성을 자극하고, '청년'은 설레게 하는 힘이 있어. 나는 오래전에 비전을 만들고 조금씩 수정해가고 있어. 비전이란 한 번 만들고 끝나는 게 아니라 더 좋은 방향으로 수정해야 생명력이 있거든.

비전은 기록하여 간직하는 게 중요해. 내가 항상 비전을 다이어리에 넣고 다닌다는 것은 그대도 알 거야. 하버드대학교 경영대학원 졸업생들을 대상으로 10년 후를 역학적으로 실험했는데 비전이 있는 사람과 없는 사람, 비전이 있지만 기록한 사람과 기록하지 않은 사람을 비교한 조사에서 나온 결론은 이들이 엄청난 부의 차이를 보였다는 거야. 내가 이것 때문에 비전을 기록하여 소지하고 다니는 것은 아니야. 실천하기 위해서지. 비전을 이루기 위해서는 목표가 있어야 한다는 것은 그대도 잘 알 거야. 목표를 달성하기 위해서는 전략과 전술이 필요하다는 것도. 다시 말해 비전을 이루기 위해서는 목표를 세우고 효과적으로 시간을 활용하여 선택과 집중을 하는 순환구조의 흐름이 중요해.

한 가지 더 중요한 것은 핵심가치야. 그대가 가장 중요시하는 핵심가치를 찾아 균형을 유지해야 돼. 자칫 목표가 한쪽으로 치우치면 얻는 것보다 잃은 것이 많을 수도 있어. 예를 들어 일에 집중하다가 건강, 가정, 친구 등 삶의 다른 소중한 가치를 잃을 수 있지.

그러니 일, 건강, 가정, 자기계발, 관계 등 핵심가치를 정하여 균형을 유지하는 게 중요하다는 거야. 이러한 핵심가치들의 목표를 세워 실천하는 것도 괜찮아. 예를 들어 건강을 위해 주 3회 이상 헬스를 하고, 월 2회 이상 산행을 하고, 자기계발을 위해 월 2권 이상 독서하며, 연 2회 이상 혼자 여행을 가고, 1주일에 한 번은 가족을 위해 요리하고, 친구들과 소통은 하지만 모임은 정기 모임으로 제한하는 등 핵심가치별로 가능한 목표를 세운다면 100%는 아니라도 80% 이상은 실천할 수 있어.

비전을 세워 실천한다는 게 그렇게 어렵고 힘든 일이 아닌데도 비전을 만들고 실천하는 사람은 그리 많지 않아. 그러나 비전을 세우는 사람의 삶과 그렇지 않은 사람의 삶에 큰 차이가 있는 것은 부정할 수 없는 사실이지. 이제 붕어빵 같은 상품의 삶을 벗어나 세상에 단 하나밖에 없는 명품의 삶으로 전환하려고 노력해봐. 그대의 삶이 언제나 설렘이 있고 가슴이 기뻐하는 일로 가득하길 바라.

맞춤법을 뭐든지 해결할 수 있어

사람들의 일상을 보면 대부분 습관으로 이루어져 있어. 그것이 의식이든 무의식이든 그렇지. 아침에 일어나는 것부터 저녁에 잠자리에 드는 것까지, 아니 본인은 잘 모르지만 잠자며 무의식적으로 움직이는 모습까지 습관적으로 행동하는 거야. 습관이 우리의 삶을 지배하고 있다고 봐도 과언이 아니지. 그만큼 습관은 중요해. 그대가 메일을 통해 내게 질문한 변화와 습관은 우리 삶을 바꾸고 영향을 주는 가장 큰 주제라서 앞에서 말한 '변화'에 이어 오늘은 습관에 대해 공감할 시간을 가지려고 펜을 들었어.

 습관의 중요성을 이야기할 때 단골 메뉴로 등장하는 이 문장을 그대도 알 거야. "생각이 바뀌면 행동이 바뀌고 행동이 바뀌면 습관이 바뀌고 습관이 바뀌면 운명이 바뀐다." 이것만큼 습관의 중요성을 잘 표현한 글은 없는 것 같아. 아리스토텔레스도 습관의 중요성을 알고 "우리가 반복적으로 하는 행동이 바로 우리가 누구인지 말해준다. 그러므로 중요한 것은 행위가 아니라 습관이다"라고 말했어. 결국 우리의 성품은 근본적으로 습관의 복합체인 거야. 2006년에 발표한 듀크대학교 연구진에 따르면 우리가 매일 행하는 행동의 40%가 의사결정의 결과가 아니라 습관 때문이라고 하니 습관은 우리의 일상을 지배한다고 해도 지나치지 않아.

그렇다면 그대의 일상도 한 번 들여다볼 필요가 있지 않을까?

아침에 일어나서 하는 행동을 생각해봐. 신문을 보는지, 욕실로 먼저 가는지, 휴대폰을 찾아 확인하는지, 출근할 때 어떤 노선을 택하는지, 출근해서 가장 먼저 컴퓨터를 켜고 메일을 확인하고 오늘 할 일을 확인하는지 아니면 동료들과 잡담을 하는지, 지금도 담배를 피운다면 오전 몇 시에 피는지, 퇴근하면 가벼운 운동을 하는지 아니면 텔레비전 앞에 앉아 밥을 먹는지. 생각해보면 우리 일상은 일정한 형태를 띠는 습관 덩어리로 되어 있어. 우리가 매일 반복하는 선택들이 신중하게 생각하고 내린 결과들이 아니라 사실은 습관이란 말이야.

식생활 습관, 잠자는 습관, 아이들에게 말하는 습관, 저축과 소비의 습관, 운동하는 습관, 생각하고 일하는 습관들에 건강, 경제적 안정, 행복 등 우리가 추구하는 삶 대부분이 영향을 받아. 그대가 습관에 대해 고민하는 것도 그것이 그대의 삶에 영향을 미치기 때문이잖아. 꾸물대고 산만하고 철저하지 못한 시간 관리, 행동의 결여 및 의지 부족 등 나쁜 습관에 지배당하고 있는 거야. 그러니 삶을 효과적으로 변화시키기 위해서는 반드시 습관부터 바꿔야 해. 이것이 새해가 되면 많은 사람들이 습관을 바꾸려는 계획을 세우는 이유야.

의식이 무의식을 사로잡는 훈련

그런데 그 많은 계획이 작심삼일로 끝나는 것은 습관을 버리려고 해서야. 습관을 버릴 게 아니라 나쁜 습관을 좋은 습관으로 바꿔야지. 나쁜 습관을 고치려면 그것을 어떤 습관으로 바꿀지 신중하게 생각하고 뚜렷한 목적의식을 갖고 선택해야 한다는 말이야.

 이제부터는 자신을 한번 점검해봐. 스스로 생각하는 자신의 나쁜 습관을 노트에 나열하고 옆에 대비되는 좋은 습관을 쓰고 그 옆으로 나쁜 습관을 좋은 습관으로 바꾸었을 때 어떤 구체적인 결과로 이어지는지 상상하여 적어보는 거야. 예를 들어 인사를 잘 안 한다, TV를 많이 본다, 책을 안 본다, 신문을 안 본다, 잠을 많이 잔다 등 구체적으로 서술하고 옆에 인사를 잘한다, TV를 적게 본다, 책을 본다, 신문을 본다, 잠을 적게 잔다고 써. 그 옆에 인사를 잘하면 대인 관계가 좋아진다, TV를 적게 보면 자기 시간이 생긴다, 지식과 식견이 넓어진다, 많은 정보를 습득할 수 있다, 아침에 일찍 일어나 일찍 출근할 수 있다 등 결과를 상상하여 적는 거야. 이처럼 나쁜 습관을 좋은 습관으로 바꾸면 나에게 어떤 긍정적인 영향을 주는지 파악해서 뚜렷한 목적의식을 가지고 실천한다면 고칠 확률을 높일 수 있어.

나쁜 습관을 바꾸는 방법의 하나로 내 경험을 말해볼게.
내가 처음 서울로 발령을 받았을 때 5년 정도로 주말 부부로 생활한 적이 있어. 혼자다 보니 생활이 규칙적이지 못했어. 술자리가 잦아서 자연스럽게 늦게 자고 늦게 일어나서 내 시간을 전혀 가질 수 없었지. 혼자 생활하면 나만의 시간을 많이 가질 수 있어서 자기계발의 좋은 기회인데도 잘못된 생활습관으로 그 기회를 잡지 못했어. 술 깨고 나면 남는 것은 괴로움과 후회뿐이고. 그래서 어떻게 하면 내 시간을 가질 수 있을까 고민한 끝에 늦게 자는 습관을 고치기로 했어. 그리고 잘못된 습관을 이렇게 적었어. 잦은 술자리로 늦게 잔다. 옆에는 술자리를 줄여 일찍 자고 일찍 일어난다고 적고 그 옆에는 이렇게 상상하여 서술했어. 일찍 일어나면 나는 누구한테도 침해받지 않는 두 시간을 가질 수 있다.

그리고 구체적인 실천방법을 추가로 정리했지. 술은 화요일만 먹는다. 잠은 10시 30분에 잔다. 일어나는 시간은 4시 30분으로 한다. 확보된 두 시간은 책을 읽고 운동을 한다.

자기의 변화된 생활이 자기의 성장과 연결되어야 성공 가능성이 높아. 나도 새벽에 일어나 확보된 시간이 무의미했다면 습관을 바꾸는 데 성공하지 못했을 거야. 나는 이 시간에 많은 사람을 만날 수 있었어. 사마천, 한비자, 니체, 리더십의 대가 워렌 베니스,

현대 경영의 전설 피터 드러커, 신화학자 조셉 캠벨, 변화관리 사상가 구본형, 신영복 교수 등 수많은 사람을 새벽에 독대하며 내 의식과 지식체계를 넓혔고 그것이 나의 성장으로 이어졌어. 하나의 습관을 바꾸려면 의식이 무의식을 사로잡는 훈련이 필요하고 다시 의식적인 행동이 무의식적인 행동이 되어 새로운 습관이 만들어져야 해. 나는 이제 새벽 4시 30분이 되면 자동으로 눈이 떠져.

스스로 엄한 감시자가 되어야

습관을 바꾸려면 스스로 엄격해야 돼. 우리의 성장 동력은 바로 나 자신이 만들어낸 엄격함으로부터 시작되는 거야. 이기는 습관 즉 해내려는 마음, 할 수 있다는 마음을 지닌 사람 중에서 자신에게 관대한 사람은 없어. 사람은 안전하다고 느끼면 좀처럼 움직이려 하지 않고 매너리즘에 빠져들기 때문이야. 그래서 스스로 불편함을 만드는 지혜가 필요해. 앞에서 얘기했듯이 습관을 바꾸면 성장이 있어야 하는데 이때 성장의 목표를 세운다면 새로운 습관이 지속적일 수 있어. 습관을 바꾸려면 적어도 6개월은 지속해야 하고 1년 이상 지나야 효과를 느낄 수 있으므로 목표는 1년 단위로 세우는 게 좋아. 그리고 그것을 위해 올해는 무엇을, 이번 달에는 무엇을, 오늘은 무엇을 놓치지 말아야 하는지 끊임없이 고민하고 스스로 각인시키지 않으면 안 돼. 우리가 습관을 바꾸는 데 실패하는 것은 자신에게 관대하기 때문이야. 오늘을 대충 보내고, 오늘 할 일을 내일로 미루고, 하긴 해야 하는데 하면서 술 한 잔 먹고 잊어버리며 방심하는 순간 다시 어제의 내 모습으로 돌아가게 되는 거야. 그러니 스스로 엄한 감시자가 되어야 해.

또한 습관을 바꾸는 데 성공하려면 실천 가능한 습관을 만들어야 해. 지킬 수 없는 위대한 목표보다 실천하고 지킬 수 있는 사소한 것들부터 가볍게 시작하는 거야. 사실 우리 일상은 많은 사소함으로 채워져 있어. 사소한 습관을 하나 바꿔줌으로써 일상이 활기

차게 될 수 있고 그런 성공으로 나를 지배하는 더 큰 습관도 바꿀 수 있지. 조직에서도 작은 성공 문화를 만들려고 하는 것은 조직원들이 성공하는 습관을 갖게 하기 위해서고 그런 성공의 습관이 큰 성공을 만들기 때문이잖아.

나도 새해 첫날부터 작은 생활습관의 목표를 세웠는데 새벽에 일어나 맨손 체조와 팔굽혀펴기를 하는 거야. 그동안은 새벽에 일어나면 컴퓨터를 부팅해놓고 멍 때리다가 모니터를 보니까 눈이 점점 나빠지고 활력이 떨어지는 것 같아 멍 때리는 시간을 바꾸기로 했어. 지금까지 아주 좋아. 눈에 피로도 덜 하고 몸도 가벼워지는 느낌이고. 그대도 원대한 것보다 사소한 습관을 바꾸는 데 도전해보는 게 좋아. 이런 작은 습관을 바꾸는 데 성공한다면 그대는 더 큰 습관을 바꾸는 데 도전하더라도 쉽게 포기하지 않고 자신을 믿게 될 거야.

습관을 바꾸고자 하는 것은 자기 혁명이야. 원래 혁명은 피를 부르는 법이지. 어떤 혁명도 피를 보지 않고 성공한 사례가 없듯이 자기 혁명도 피에 버금가는 자기 공격이 이루어져야 해. 습관의 한 부분을 점령한다고 해서 이기는 게 아니라 암 덩어리를 들어내듯 완전히 멸망시켜야 하지.

예를 들어 담배를 끊기 위해서는 당분간 술도 참아야 하고, 기름진 음식도 끊어야 하잖아. 술과 기름진 음식은 흡연의 욕구를 자극해서 어제의 나로 돌아가게 하니까. 그래서 흡연의 욕구가 사라질 때까지 담배와 연결된, 습관을 자극할 만한 모든 것을 통제해야 돼. 습관을 바꾸는 것이 어려운 이유는 이런 먹이사슬 같은 연결성 때문이야. 그래서 싸움은 전면전이고 견디고 또 견디는 일이므로 승리하기 위해서는 북을 치고 꽹과리를 치며 사기를 높이듯이 자신을 위로하고 긍정하는 것을 먼저 습관화할 필요가 있어. 자기 자신을 사랑한다고 말할 수 있다면 그대는 충분히 싸움에서 이길 수 있을 거야.

직장인이 가져야 하는 습관에 대해 간단히 언급하고 이제 펜을 놓을까 해.

먼저 고객의 관점에서 생각하는 역지사지의 습관을 지녀야 해. 여기에서 고객이란 나 이외의 모든 대상을 말하는 거야. 좋은 관계의 시작에는 상대방을 이해하는 습관이 필요해.

두 번째는 생각하는 습관이야. 생각도 습관이란 걸 알아야 해. 말을 할 때도 단 1분 1초라도 생각하고 말하고 일을 대할 때도 더 좋은 방법이 없는지 생각하고 고민하란 말이야. 그렇게 할 때 일은 지시받아 하는 일이 아니라 내 일이 되는 거야.

세 번째는 반성하는 습관이야. 그대가 일기를 쓴다면 반성하는 가장 좋은 습관을 가진 거야. 그렇지 않다고 해도 하루를 반성하는 습관이 필요해. 반성은 자기를 성장시키는 가장 좋은 방법이란 것을 잊지 말길.

네 번째는 학습하는 습관이야. 시대가 빠르게 변하니 지식의 유통기한도 그만큼 짧아졌어. 그러니 어제의 지식으로 오늘을 살려고 하지 말고 지속해서 학습하라는 거야. 시대와 어울리지 못하면 도태된다는 것을 명심해.

다섯 번째는 성실함도 습관이란 거야. 뛰어난 재주가 있는데도 실패한 사람들을 보면 모두 성실함과 겸손함이 뒷받침되지 못했어. 성실함은 다른 사람의 평가 때문이 아니라 스스로 한 약속, 양심에 비추어 정직하고 솔직하게 자신을 평가하는 거야.

살아있는 모든 생물이 성장할 수 있는 것은 자신이 마음에 들지 않는다며 포기하지 않는 데 있어. 그대도 아직은 손에서 무기를 내려놓을 때가 아니야.

올해는 그대가 습관과의 전쟁에서 꼭 승리하기를 기원할게.

성장은 자기 인식과 이해가 선행되어야 한다. 성장이란 자신과 좋은 관계를 맺으면서 더 나은 최선의 나를 만들어가는 것이다. 내 안의 타고난 재능을 알고, 자신에게 소중한 가치를 깨닫고, 욕망의 흐름에 올라타는 것이다. 그것은 스스로 넘어지고 일어서기를 반복하는 성찰과 학습을 통해 가능하다. 스스로 변화하고 성장하는 과정 자체가 중요하다. 시간의 흐름에 따라 성장하는 것이 삶이기 때문이다.

삶에서 성장은 선택이 아니라 필수이며 실존의 주체다. 성장이 멈추는 순간 행복도 없다.

1. 독서를 생활화해라.

- 지식은 학습의 단계를 지나 포털에서 찾는 기술로 전락했다. 기억하지 않으니 생각할 수도 없다. 위기는 생각할 수 없는 데서 온다. 생각하는 힘은 오직 독서와 경험에서 나오는 것이다. 많이 읽는다고 좋은 것은 아니다. 곱씹어 스스로 소화하는 과정이 중요하다.

2. 비전을 세워라.

- 비전은 한마디로 표현하면 방향이고 목적이다. 내가 하고 싶고, 잘할 수 있고, 해야 하는 일의 합이다. 해야 하는 일은 흔히 우리가 말하는 의무적인 일이 아니다. 시간이 지나 생기는 이로운 종균과 같은 것이다. 비전은 매일 봐도 설렘이 있어야 한다. 그러므로 은유적 표현을 사용하면 좋다. 그리고 기록하여 간직해야 한다.

3. 좋은 습관을 만들어라.

- 생각이 바뀌면 행동이 바뀌고 행동이 바뀌면 습관이 바뀌고 습관이 바뀌면 운명이 바뀐다. 이미 길든 나쁜 습관은 바꾸려 하지 말고, 좋은 습관으로 대체하는 것이 가장 효과적이다.

나를 찾아가는 휴식

5

휴식은 아무것도 하지 않는 상태를 의미하지 않는다. 휴식은 보고, 듣고, 읽고, 말하고, 먹고 생각하는 활동이다. 이러한 활동이 만드는 것은 넓고 크고 깊은 삶의 여백이다. 그러므로 휴식은 어제와 동일한 상태를 유지하기 위해 아무것도 하지 않는 시간이 아니라 어제보다 나를 더 사랑하게 하는 에너지를 만드는 활동이다. 자연의 활동도 우리와 다르지 않다. 인삼으로 유명한 금산이나 진안고원에 가면 잡풀이 우거진 크고 작은 밭을 많이 볼 수 있다. 큰 밭을 두고 차광막이 쳐있는 작은 인삼밭을 보면 의아해진다. 그러나 잡풀이 우거진 밭은 이미 인삼을 한 번 재배를 하고 휴식년에 들어간 것이다. 시골집의 감나무도 한 해는 감이 가지가 찢어지게 많이 열리더니 다음 해에는 아주 조금 열린다. 과일나무가 해갈이를 하는 것이다. 감나무의 해갈이는 휴식년과 다름없다. 자연은 이런 휴식이 자연스럽게 이루어지면서 지속한다.

  이런 자연의 법칙을 잘 받아들이고 실천하는 민족이 유대민족이다. 그들은 "열심히 일해라"가 아니라 잘 쉬라고 한다. 그들이 안식일을 지키는 것은 세계 어느 곳에 있든 그들의 삶을 규정하는 중요한 원칙의 하나다. 안식일만 있는 것이 아니라 안식년도 있다. 6년을 일하면 1년을 쉰다. 그런가 하면 이스라엘 학생들은 졸업하면 바로 직장을 찾지 않고, 세계를 여행하며 자기의 정체성을 찾으면서 적합한 직업을 탐색한다. 학교를 떠나 더 넓은 세상에서 자기를 찾는 것이다. 우리의 선택이 지엽적이고 협소한 반면에 그들의 선택은 넓고 크다. 이런 선택으로 성장하여 위대한 학자가 되고 세상에 이로움을 남긴다. 마이크로소프트사의 빌 게이츠는 1년에 두 번의 생각주간이란 특별한 휴가를 보내는 것으로 유명하다. 그는 생각주간을 만들어 실천으로 옮기면서 글로벌 기업을 일구었다고 한다. 휴식을 통해 얻는 것은 삶의 여백이다. 그리고 여백을 채우는 새로움이 창의적인 활동이다.

  두 농부가 논에서 열심히 벼를 베고 있다. 한 농부는 허리를 펴는 법이 없이 계속 벼를 벴다. 그러나 다른 농부는 중간중간 논두렁에 서 앉아 노래까지 흥얼거리며 쉬었다. 저녁이 되어 두 사람이 수확한 벼의 양을 비교해보니 틈틈이 논두렁에 앉아 쉬었던 농부의 수확량이 훨씬 많았다. 쉼 없이 이를 악물고 일한 농부가 따지듯이 물었다.

"난 한 번도 쉬지 않고 일했는데 도대체 어떻게 된 거야?"

틈틈이 쉰 농부가 빙긋이 웃으며 대답했다.

"난 쉬면서 낫을 갈았거든."

이 이야기는 일과 휴식의 경계를 부정하고 일과 휴식이 공존함을 말한다.

놀이와 일이 구분되지 않는 시대

이미 창의적인 기업들은 일과 놀이 그리고 휴식을 자연스럽게 공존하게 했다. 구글의 근무 환경은 놀이터를 방불케 하는 것으로 유명하다. 안마의자에 포켓볼 당구장, 전자오락기, 자전거, 놀이기구와 장난감은 물론 먹거리, 편의 시설 등 일하는 사람에게도 보는 사람에게도 즐거움을 준다. 구글은 일과 놀이를 병행할 때 창조적인 아이디어가 샘솟을 수 있다고 말한다. 이제 놀이와 휴식을 일과 구분할 수 없는 시대가 되었다.

그동안 우리는 일을 신이 내린 형벌로 착각했다. 신화 속의 시시포스가 커다란 바위를 언덕 위로 밀고 올라갔다가 아래로 떨어뜨리고 다시 언덕 위로 밀어 올리는 일을 영원히 반복하는 저주를 받은 것처럼. 알베르 카뮈는 신들이 내린 형벌 중 무익하고 희망 없는 노동보다 더 끔찍한 것은 없다고 결론을 내렸다. 희망이 보이지 않을 때는 아무리 가벼운 것도 무거워지는 법이다.

지금 내 일이 무겁고 힘들다고 생각한다면 이는 신이 내린 형벌을 수행하는 것이다. 그러나 르네상스를 맞은 이탈리아에서 새로운 견해가 등장했다. 인간의 일을 신의 일이 연장된 것으로서 창의성을 표현하는 수단, 다시 말해 재창조의 수단으로 여기는 태도다. 잘 알다시피 르네상스 시대에는 예술과 과학의 놀라운 진보가 이루어졌고, 초상화나 일기, 자서전 양식은 물론 편지에 찍는 개인 봉인 등 지극히 개인적이고 인간 중심적인 문화 혁신이 일어났다.

지금 우리에게 개인의 삶이 중요해진 것도 창의성이 중요한, 새로운 르네상스의 시대를 맞이하고 있기 때문이다.

창의성은 일 속에 있는 게 아니라 여가에 있다. 아리스토텔레스는 우리가 여가를 갖기 위해 일을 한다고까지 말했다. 여가는 인간의 가장 훌륭하고 독특한 능력, 즉 생각하고 느끼고 반성하고 창조하고 배우는 능력을 끌어내기 때문이다. 우리가 삶과 일의 균형을 유지해야 하는 이유가 여기에 있다. 이때 일은 창조적인 것이 되고 우리가 자기 일을 좋아할 수 있다. 그 일은 다시 여가에도 긍정적인 방식으로 작용하는 것이다. 자연이 지속하고 더 좋은 열매를 맺기 위해 휴식년을 갖듯이 우리도 계속해서 일을 즐기며 좋은 삶을 살기 위해서는 휴식이 필요하다.

휴식을 통해 얻는 것은 삶의 여백이다. 그리고 여백을 채우는 새로움이 창의적인 활동이다.

일중독에 빠진 그대에게

나는 그대가 언제 쉬는지, 아침 일찍부터 밤늦게까지 일에 빠져 사는 그대의 삶이 어떤지 궁금해. 그대는 누가 봐도 열심히 일하는 사람이고 맡은 업무는 무슨 일이 있어도 해내는 근면 성실의 아이콘으로 불리곤 하지. 그런 그대는 언젠가 내가 한 말로 상처받았으리라 생각해. 그때 나는 이렇게 말했지. 그대가 하는 일을 긍정하지 않는다고. 물론 그대는 근면함과 성실성을 인정받아 적당한 때에 맞춰 승진했고 평판이 좋은 사람인 게 사실이야. 그런 성실함과 근면함의 가치를 부정하는 건 아니야. 다만 그대가 중요한 것을 잊고 사는 듯이 보여 안타까워. 이런 말이 있어. "손에 든 것이 망치밖에 없다면 모든 것을 못처럼 다룰 수밖에 없다."

혹시 그대도 모든 일을 근면 성실하기만 하면 다 할 수 있다고 생각하진 않나? 물론 할 수 있겠지만 그 일이 과연 좋은 일이 될지는 의심해봐야 하지 않을까? 사실 매년 똑같은 일을 하는 게 문제가 아니라 매년 같은 일을 똑같은 방식으로 풀어가는 게 문제야. 어떤 일을 할 때 한 가지 방법만으로 한다면 로봇이 하는 일과 무엇이 다르겠어? 그대는 변화가 일의 종류를 바꾸는 거시적인 과제일 뿐 아니라 같은 일이라 하더라도 늘 새로운 방식으로 풀어가는 현장밀착형 과제라는 점을 놓치고 있어.

그대의 삶이 어디에 있는지 궁금해. 물론 가족을 위해서 달리 방법이 없었고 치열한 경쟁사회에서 살아남으려면 선택의 여지가 없었다고 항변할 수도 있겠지. 그럼 지금까지는 그렇다고 치고, 정시에 퇴근해서 가족들과 시간을 보내고 취미생활을 즐기고 자기를 위해 투자를 아끼지 않는 후배들의 삶을 언제까지 부러워만 하고 있을 텐가? 나는 지금 그대에게 옳고 그름의 선택이 아니라 그대의 변화를 요구하는 거야.

사실 나도 누구보다 근면 성실함에 가치를 두고 살아왔고, 얼마 전까지만 해도 우리 역시 근면 성실한 사람을 우선하여 채용했어. 근면 성실하지 못한 사람은 조직에서 버티기 힘든 시절이었지. 근면 성실함은 출퇴근으로 평가되어 출근은 빨라지고 퇴근은 자연스럽게 늦어지고, 상사보다 늦게 출근하면 죄인이 되어 고개를 들지 못하고 먼저 퇴근하는 일은 상상도 못 했어. 근면성의 평가 기준이 다른 사람보다 얼마나 오랫동안 일하는가에 달려 있었던 거야. 지금 우리가 생각하는 근면 성실이란 가치하고는 크게 다르다고 생각하지 않나?

맹목적인 근면은 위험하기 짝이 없어. 일 속에 나는 없고 일만 존재하는 노예의 습성이지. 의지의 자유가 있는 주체적인 '나'의 일이 되어야 그 일이 고귀해지거든. 이제 그대는 지시를 따르기보다 리더십이 필요한 위치에 있잖아. 의지의 자유가 있는 그대의 주체적인 선택이 많아져야 하는 거야. 자기 업무의 범위에서 스스로 선택한 일의 양을 늘려가야 해. 내 의지로 선택한 일의 양이 많을수록 자신도 모르게 일이 즐거워지고 일에 주도성을 갖게 되지. 이때 일은 같은 일이지만 매일 다른 일이 되는 거야. 내가 그대에게 화가 나는 것은 어제 같은 오늘을 사는 그대의 일이 과거에 묻혀 있기 때문이야.

휴식하는 것에 죄의식을 갖지 마

우리 세대가 맹목적으로 외우던 시, 푸시킨 하면 바로 나오는 시가 있어. "삶이 그대를 속일지라도/ 슬퍼하거나 노하지 말라/ 우울한 날을 견디며 믿으라/ 기쁨의 날이 오리니/ 마음은 미래에 사는 것/ 현재는 슬픈 것이다…." 한때는 나도 이 시를 신념처럼 여겨왔어. 이러한 신념이 젊어서는 돈을 벌기 위해 젊음을 쓰고 나이 들어서는 젊음을 되찾기 위해 돈을 쓰는 어리석은 행동을 반복하게 했지. 그리고 행복과 기쁨이 미래에 있다는 것을 증명해준 사람은 전혀 없었지. 그대가 가족을 위해 일에 파묻혀 살았다고 하지만 가족도 그렇게 생각할까? 돈을 더 벌고 더 출세한 후에 좋은 시간을 만든다는 게 그대의 진실일까? 물론 그대의 마음은 진실이겠지만 사실을 만들지 못하는 진실은 변명이고 핑계에 불과한 거야. 그대도 알다시피 현실이 진실이 되어야 해. 아이들과 지금 만들지 못한 이야기를, 아이들이 성장한 뒤에 지난 시절의 이야기로 만들 수 있다고 생각하지는 않겠지? 기쁨과 행복은 절대 미래 있는 것이 아니라 오직 지금이란 시간과 공간 속에 있다는 것을 잊지 않기를 바라. 현재의 어떤 상황에도 기쁨과 행복이 함께할 수 있어. 그러니 바쁨을 핑계로 기쁨의 순간을 미루지 마. 그리고 같은 강물에 두 번 발을 담글 수 없다는 것도 잊지 마.

그대는 '휴식'을 어떻게 생각하는지 궁금해. 나는 그대가 휴식에 죄의식을 갖는 듯이 보여 안타까워. 휴식은 좋은 일의 필수 요건이란 사실을 알아야 해. 일에 휴식이 있어야 그 일에 생각이 녹아들기 때문이지. 휴식은 마치 대나무의 마디와 같은 것이라 휴식을 통해 일이 단단해지고, 일의 완성도가 높아져.

그동안 우리는 '쉼'을 비생산적인 일로 생각했지. 그도 그럴 게 그때의 일은 단순노동에 불과했고 이미 만들어진 기준과 룰을 따르기만 하면 됐으니까. 그러나 지금의 일은 다르잖아. 창조의 시대인 지금은 새로움이 절대적 가치니까. 새로운 가치의 생산은 생각이라는 기반에서 만들어져. 그래서 우리는 생각할 수 있는 시간이 필요하고 그 시간이 바로 휴식이야.

앞서 말한 두 농부 이야기에서 열심히 일한 농부처럼 자기는 열심히 일했는데 어떻게 된 것이냐고 물어보는 게 정말로 두려워. 그것은 난 열심히 일했는데 왜 고과가 이러냐고 따지는 것처럼 들리기 때문이야. 또 하나는 그대도 곧 후배를 평가하는 위치에 오를 텐데 그대의 기준으로 후배의 역량을 평가하게 될까 두려워. 제발 휴식하는 것에 죄의식을 갖지 말고 쉬지 않는 것이 죄라고 생각했으면 좋겠어. 매일 집과 회사만 도는 쳇바퀴에서 벗어나 자유의 시간을 가져보란 말이야.

 한 번이라도 그대의 삶에서 일과 휴식의 밸런스를 유지해보길 바라. 그 경험에서 얻은 과실의 맛은 오직 그대의 것이야.

자기만의 ں은 알리의 방

에세이

어느 날 오후 커피를 들고 힘없이 고개를 떨구고 어두운 표정과 무기력한 모습으로 들어오는 그대에게 내가 물었지. "아지트 없어?" 이 물음에 그대의 표정은 마치 금성 여자가 화성 남자를 보는 듯했어. 아마도 아지트가 갖는 부정적인 이미지 때문인지 그때 그대의 눈빛은 난 아닌데 하는 것 같았지. 열심히 일하다 잠시 커피 한 잔 사러 갔다 오는데 어디에서 땡땡이친 줄 알고 물이보나 착각했어? 나는 그대가 그대만의 공간에서 좀 쉬기를 바라는 마음에서 물었던 거야.

아지트를 좋지 않게 생각하는 사람이 많은데 사실 아지트는 학창 시절 아무도 모르게 가장 친한 친구와 만나 가장 사적인 수다를 떨고 부모님 몰래 불량식품도 맛있게 먹으며 시간 가는 줄 모르고 머물던 곳이야. 아지트는 사유할 수 있고, 서로 꿈을 이야기하고,

친구를 만나고, 나를 만날 수 있는 곳이고 학업에 지친 나를 위로해주는 곳이지. 다른 사람의 눈을 피해 즐거움을 나눈다는 게 우리 마음을 조금 불편하게 하여, 아지트를 부정적으로 생각하는 게 아닐까? 불량한 친구들이 자기들끼리 만나는 곳을 아지트로 지칭하는 경우가 많아지면서 아지트란 단어마저 불량스럽게 인식되었나 봐. 그래도 한 번쯤 아지트라는 공간에 대해 생각해 볼 필요가 있지 않을까?

공간의 사전적인 뜻이 아무것도 없는 비어있는 상태라고 하지만 사실 공간만큼 우리에게 유익함을 제공하는 것은 없어. 공부할 때 집보다는 도서관에 가면 잘되고 커피 한잔을 마시더라도 분위기 좋은 카페에서 마시면 더 맛이 있듯이 말이야. 그뿐이겠어? 공간은 마음의 소리를 담은 그릇이라고 하잖아. 마음이 편하고 위로가 되는 공간도 있고 생각이 확장되는 곳도 있지. 그래서 미국의 사회학자 올든 버그는 그런 곳을 제3의 공간이라고 했어. 제1의 공간이 가정이고 제2의 공간이 일터라면 앞서 얘기한 것처럼 위로가 되고 스트레스가 해소되고 에너지가 충전되는 별도의 공간을 제3의 공간이라고 한 거야.

머물기만 해도 위로가 되는 곳

이런 공간의 특징은 격식이 없고 서열이 없으며 수다 떨기 좋고 출입이 자유롭고 음식이 있다는 거지. 직장 서열관계에서 빠져나와 만끽하는 재미가 있고 먹고 말하고 아무 때나 출입이 가능한 곳. 생각만 해도 즐겁잖아. 이런 곳이 아지트란 거야. 그런데 더 중요한 것은 연구 결과에 따르면 이런 아지트가 있는 사람이 그런 공간이 없는 사람보다 더 행복하고 행복해질 가능성이 높다고 해.

꼭 방이나 건물 안처럼 실내만 공간이라고 말하는 게 아니야. 스페인 산티아고 800km의 순례길은 치유의 길로 유명하지. 제주도 올레길과 지리산 둘레길도 마음을 치유하기에 좋은 공간이고. 그것이 오늘도 많은 사람들이 그 길 위에 있는 이유야. 어느 시골 마을이나 섬마을을 찾아가는 사람도 있고 사찰을 찾아가 마음의 평온함을 찾는 사람도 있어. 우리도 이런 힐링 스페이스를 찾을 필요가 있지.

내가 머무는 곳이 나를 움직이게 해. 그곳이 어디든 우리들의 몸과 마음이 행복해지고 생각이 탄생하는 공간이 있어야 우리가 행동할 수 있지. 나를 바꾸고 세상을 바꾸는 생각이 탄생하는 그곳은 집이 될 수도 있고 정원, 연구실, 도서관, 카페, 박물관, 미술관, 산, 들, 강, 바다 등이 될 수도 있어. 수많은 공간이 곧 누구에게는 아지트 같은 공간이 되는 거야. 생각하는 동물인 인간에게 공간만큼 중요한 것은 없지. 그러니 한번 찾아봐, 내가 가장 행복해지고 생각이 깊어지는 곳, 때로는 거기 머무는 것만으로도 위로가 되는 곳이 어디인지.

나에게도 몇 군데의 아지트가 있어. 우연히 공간이 주는 에너지를 느낀 후 환경이 바뀔 때마다 이런 공간을 찾았던 것 같아. 오랫동안 지방 근무를 하다 2005년 처음 서울로 올라왔을 때 환경이 크게 바뀌면서 나는 문화적 충격을 받았어. 그리고 영업에 대한 부담감으로 아주 힘들었지. 그때 우연히 점심을 먹고 청계천을 걸었어. 따뜻한 가을 햇볕을 쬐며 흐르는 물줄기를 따라 그냥 천천히 걷는데 그렇게 마음이 편안한 거 있지. 많은 생각이 교차하다가 때로는 나도 모르게 두 주먹이 쥐어지며 의욕도 생기고 잘하겠다는 다짐도 하게 되더라고. 청계천이라는 공간에서 그때 내게 필요했던 에너지를 다 얻은 것 같아. 그 후 나는 청계천을 자주 찾았

어. 영업 활성화를 위한 많은 생각을 그곳에서 할 수 있었지. 성수동 살 때는 서울숲이 생각을 깊게 하는 아지트였고 아현동으로 이사해서는 봉원사가 매주 토요일 이른 아침에 찾아가 생각을 다스리는 아지트였고 지금은 북한산이 내 일상의 아지트야.

생각이 깊어지는 공간

아지트가 갖는 또 다른 매력은 마음을 편안하게 해주는 풍경이었던 것 같아. 그곳에 가면 마음이 편하고 기분을 바꾸어주는 데 영향을 끼친 풍경 말이야. 사실 뇌의 맨 아래쪽에 있는 시각피질에서 해마 주변의 위치인지 영역으로 이어지는 즉, 망막에서 보내온 신호를 가장 먼저 받아들이는 부위에서부터 그 신호가 하나의 풍경으로 구성되는 부위까지 이어지는 좁은 길이 있대. 이 길을 따라 움직이는 신경세포에서는 엔도르핀(뇌에서 분비되는 천연 모르핀 같은 호르몬) 수용체의 밀도가 높아진다는 거야. 서던캘리포니아주립대학교 어빙 비더먼 교수에 따르면 사람들이 보편적으로 선호하는 아름다운 경치나 노을, 숲 같은 풍경을 볼 때 엔도르핀이 분비되는 경로의 신경세포들이 활성화되는 것을 발견했다고 해. 그뿐 아니라 풍경에 색, 깊이, 움직임이 더해지면 그 경로를 따라 더 많은 신경세포가 활성화된다니 내가 느낀 위안, 치유, 행복감 등은 이미 과학적으로 증명된 셈이지.

공교롭게도 나는 입사 초부터 인력을 관리하고 리드하는 업무를 맡아 스스로 판단하고 결정해야 하는 일이 많았어. 경험과 생각이 부족하고 선배나 동료에게 의지하고 싶은 마음이 간절한 직장 초년생인데 판단하고 결정을 내려야 하는 일들로 힘들고 외로운 시절이었지. 그렇다 보니 생각하고 위로받을 수 있는 이런 공간에 의지했는지도 모르지. 하지만 언제부턴가 나는 환경이 바뀔 때마다 몸과 마음이 편안해지고 위로받고 행복해지는 곳, 생각이 깊어지는 곳을 스스로 찾았어.

그러니 이제 그대만의 공간을 찾아봐. 분명히 그대에게도 그런 곳이 있을 거야. 언제까지 그렇게 쫓고 쫓기며 이미 만들어진 세상의 답을 찾기 위해 뛰어다닐 거야? 누가 그대에게 그렇게 살라고 말하던가? 누가 그렇게 살면 성공한다고 가르치던가? 그렇게 말하고 가르친 사람은 없을 거야. 이제 육체적인 부지런함이 그대 일의 척도가 되어서는 안 돼. 쉴 새 없이 일하는 것은 노예의 자세야. 노예에게 일이 고된 이유는 창조성이 없다는 데 있어. 그러니 제발 바쁘게 사는 건 그만해.

그대에게 행복했던 시간, 그 시간이 머문 공간, 그 공간이 지닌 풍경 그리고 함께했던 사람을 기억해봐. 설령 기억이 없다면 지금이라도 찾고 만들면 돼. 오랫동안 친구와 경쟁하고 동료와 경쟁하는 사회에서 지치고 외로워진 그대를 치유해주고 그대의 원시성을 찾을 수 있는 곳을 만들면 되는 거야. 그곳이 화려하고 호화로울 필요는 없어. 오직 그대의 편안함과 자유가 넘치면 돼. 격식도 없고 소박하고 수다 떨기 좋고 음식이 있고 출입이 자유스런 곳이면 좋은 아지트가 될 수 있어.

나는 그대가 집과 일터 가까운 곳에 그런 아지트 하나는 꼭 만들기를 바라. 아니 있어야 해. 좀 더 바란다면 자연 속에 그런 공간도. 그래서 그대가 다시 웃음과 어깨의 덩실거림과 경쾌한 발걸음 즉, 그대의 원형을 찾아 삶에 활기가 넘치고 조직에도 비타민 같은 사람으로 존재했으면 좋겠어. 언젠가 그대의 아지트에서 커피 한 잔 마시며 더 많은 이야기할 날을 기다릴게.

그 날이 빨리 오길.

시멘트 정원에 무덤을 파고 잠들 여아에게

이유 없이 마음이 아팠어. 일도 하기 싫고 사람을 만나기도 싫고. 그렇다고 어디를 가고 싶다는 생각도 없이 자꾸만 현실에서 벗어나고만 싶었지. 하루하루 겨우겨우 견디지만 시간이 흐를수록 좋아지기보다 마음의 문이 하나둘 닫혀가는 느낌에 답답하기만 했어. 일상이 회색빛이 되어 도무지 빛이 보이지 않는 거야. 차라리 아팠으면 하는 생각마저 드는 거 있지. 일상에서 벗어나 며칠 쉬고 나면 마음이 좀 열리지 않을까 싶었지만 무슨 욕심 때문인지 그러지도 못하고 시간이 지날수록 더 아프고 고독해지기만 했어.

그렇다고 의욕이 없는 것도 아니었거든. 배우고 싶고 도전하고 싶은 것도 많았는데 하나도 하지 못했어. 열망은 깊어지는데 실천하지 못하고, 얻고자 하는 욕심은 많은데 무엇 하나 이루지 못하면서 의욕마저 상실하고 그런 나를 다른 사람들과 더 비교하면서 자신의 삶이 싫어진 거야. 나름으로 열심히 살고 있는데 특별함이 없고 변화를 만들지 못하는 무미건조한 내 삶에 불청객처럼 권태기가 찾아 왔어.

잘 살던 부부도 권태기가 오면 이유 없이 서로를 미워하고 싫어하듯이 권태기는 오랫동안 나를 괴롭혔고 누구에게도 말할 수 없는 힘든 시간을 보냈어. 그런데 무엇이든 열심이고 의욕적이던 그대에게서 요즘 적막함이 흐르더니 툭 하면 짜증을 내는 것 같고 지독하게 외로워 보이는 거야. 처진 어깨너머로 전해지는 그대의 아픔이 오래전 권태기에 빠졌을 때 내가 느낀 고통 같아서 안타까운 마음에 펜을 들었어.

권태기란 단순히 때가 되면 찾아오고 어느 정도 시간이 지나면 괜찮아지는 것쯤으로 생각할 수 있지만 사실 그렇지 않아. 권태기는 자신에 대한 무관심에서 비롯되는데 이 무관심으로 인해 어제 같은 오늘이 이어지는 그저 그런 일상이 되거든. 권태기가 찾아오면 매너리즘에 빠졌다고 스스로 다그치는 경향이 있는데 이때 잘못하면 더 깊은 상처를 남길 수 있지. 잉꼬부부라고 할 정도로 사이가 좋다가도 권태기를 극복하지 못하고 법정에 서는 것은 권태기의 책임이 상대에게 있다고 다그친 결과야. 이솝 우화에 나오는 북풍과 태양 이야기에서도 그렇듯이 강하게 다그치는 것보다 온화한 설득이 필요할 때가 있는데 권태기가 바로 그래.

하지만 자신을 온화하게 설득하기가 어디 쉽나? 그대도 한번 생각해봐, 친절하고 온화하게 자신을 설득하고 사랑해본 경험이 얼마나 있는지. 우리는 일이 잘 안되고 문제가 생기면 자신을 격려하고 응원하기보다 원망하고 다그치는 데 익숙하잖아.

작은 바람에도 온몸으로 웃어주는 친구

나도 그랬어. 그렇게 자신을 이유 없이 미워하던 어느 봄날, 햇빛이 좋은 주말에 동네 꽃집 앞을 지나는데 작은 화분에 이름도 모르는 화초가 손톱만큼 작은 연보랏빛 꽃망울을 터트리고 내 발걸음을 붙잡는 거야. 한참을 쪼그리고 앉아서 그 화초를 보고, 손가락으로 톡톡 건드려 보기도 하고 말을 걸어 보기도 하며 잠시지만 보이지 않는 교감 같은 걸 나눴지. 김춘수의 시 〈꽃〉에서 "내가 그의 이름을 불러주었을 때 그는 나에게로 와서 꽃이 되었다"라는 구절처럼 그 화초는 내게 와 친구가 된 거야. 그런 나를 발견한 꽃집 주인아주머니는 그 화초의 주인이 딱 나라고 했어. 걔는 그렇게 말 걸고 관심만 가져주면 스스로 크고 알아서 꽃피워 준다며 내게 화초의 주인이래. 나는 스스로 크고 알아서 꽃피워 준다는 말이 너무 좋았어. 사실 꽃을 한 번도 키워본 적이 없어서 부담되었거든. 그렇게 내게 와 친구가 된 이놈 이름은 '풍로초'(네이버에서 검색해봐.)라고 해. 그날 이후 지금까지 나의 십년지기 친구야.

이 이야기를 하는 것은 이 친구를 알아가는 짧은 순간에 나도 모르게 마음의 문이 열리고 따뜻해지는 느낌을 받았기 때문이야.

그렇다고 이 친구와 처음부터 그렇게 깊은 교감을 나눈 건 아니야. 한 1년은 그저 그랬던 같아. 주말에 잠시 베란다에 나가 봐줄 정도였으니까. 어쩌면 꽃집 아주머니의 말을 자연스럽게 실천했다고 볼 수 있지. 물론 내 생활도 무미건조한 날의 연속이었고. 그런데 1년이 지난 그해 내 생일에 아직 꽃을 피우기에는 이른 봄인데 이 친구가 생각지도 않은 꽃을 선물했어. 그것도 손톱만 한 꽃 딱 한 송이를 온 힘을 다해 피워내서 나를 축하해주는 것 같았지. 사람은 누구나 선물에 약하잖아. 그날부터 나는 이 친구가 괜찮아 보였어. 그때 이후로 매일 한두 송이씩 꽃을 피워 아침 인사를 하더라고. 나도 이 친구의 활짝 웃는 모습을 보는 게 좋아서 매일 아침 인사를 하게 되었고, 주말이면 한참씩 이 친구 앞에 앉아 말을 걸고 만져주고 톡톡 건드리며 장난도 치곤 했지. 가족들에게는 말할 수 없는 사소한 부분까지 이야기할 수 있어서 답답한 마음이 사라지고 상쾌한 기분을 느낄 수 있었어. 이런 나를 보고 아내는 사귀는 거냐고 놀리기도 했으니까. 이 친구와 교감하면서 마음이 진짜 밝아지고 좋아졌어.

 작은 실수에도 원망하고 쉽게 화내고 다그치는 나와 다르게 한 바가지의 물에도, 열린 창문으로 들어오는 작은 바람에도 파릇파릇 싱싱하게 온몸을 흔들며 웃어주고 상대를 기분 좋게 배려하는 이 친구를 보면서 나도 원망하기보다는 격려하고 응원하게 되었지. 그리고 마음에 여백이 만들어지고 스스로 느낄 정도로 온화해졌어. 이렇게 사물과 교감하는 능력이 생기면서 생각이 깊어지고,

지금과 다른 생각을 할 수 있는 힘이 생겼어. 다시 말하면 창의적인 생각을 할 수 있게 된 거야. 물론 다른 사람을 배려하는 따뜻함도 생겼고. 그대도 알다시피 내가 작은 실수에도 버럭 화를 잘 냈잖아. 지금 생각하면 조금 창피하지만. 이 친구를 한마디로 표현하면 삶의 기쁨을 알게 해준 친구야.

지금은 풍로초 말고 한 친구가 더 있는데 2년 전에 가족으로부터 생일선물로 받은 다육식물 청옥과 애심이란 친구야. 다육식물은 건조한 기후의 사막과 같은 곳에서 다육질의 잎에 물을 저장하는 식물을 말해. 이 친구도 가만히 두면 자란다는 게 맘에 들었어. 물론 작은 정성은 들여야 하겠지. 겨울밤 차가운 공기를 피해 거실

로 옮겨놓고 주말 같은 날 베란다의 햇살을 찾아 다시 옮겨놓는 수고 말이야. 지금 그대에게는 수고라는 표현을 쓰지만 식물을 키워 보면 알 거야. 베란다의 겨울 햇살을 그냥 보내기가 얼마나 아까운지. 그것은 수고라기보다는 대상을 위한 작은 배려란 표현이 더 어울릴 거야.

이 친구들은 자세히 관찰해야 교감할 수 있어. 성장을 멈추고 있는 것 같은데 어느 날 보면 작은 잎을 밀어내며 새로운 잎을 만드는 거야. 시간을 두고 기다리며 자세히 관찰하지 않고는 이 친구의 변화를 알아챌 수 없을 정도니까. 그래서 물을 담고 있는 도톰한 잎을 세어놓고 볼 때마다 잎의 숫자를 또 세어봐야 성장하는 걸 확인할 수 있어. 나는 이 친구들을 알게 되면서 기다림과 디테일한 관찰력을 기를 수 있었다고 생각해.

마음을 치유하고 성장을 추구하는 에너지

식물을 키우면서 느낀 점이 하나 더 있는데 식물은 끊임없이 성장하고 확장을 이룬다는 거야. 내가 풍로초를 처음 가져왔을 때는 세 포기 정도에 둘레의 지름이 12cm 정도였는데 지금은 열 포기에 지름이 30cm가 넘어. 다육 식물 청옥과 애심도 3cm였던 것이 7cm 정도가 되었으니까. 한 줌의 흙에 불과한 작은 화분이란 공간에서도 성장을 멈추지 않는다는 거지. 당연하게 생각할 수도 있지만 우리와 비교하면 경이로워. 우리는 넘치는 풍요를 가지고도 어제 같은 오늘을 살 때가 허다하잖아. 사실 보고 만지는 느낌보다 이 친구들이 성장하는 에너지를 받고 있다는 표현이 더 맞을 거야. 나에게 성장이란 의미를 알게 하고 깨닫게 했으니까. 그리고 이 친구들처럼 나도 끊임없이 성장을 추구하고 있으니까.

정리해보면 그대에게 찾아온 불청객은 권태기고, 권태기는 변화를 만들지 못하는 그저 그런 일상을 지속하면서 찾아와. 이런 권태기에서 벗어날 방법으로 식물을 키워보란 거야.

식물을 키우면 좋은 점은 첫째, 말할 수 없는 사물과 이야기를 주고받으며 교감력을 키울 수 있어. 교감은 다른 대상을 이해하고 받아들이는 관계성을 좋게 하지. 두 번째, 항상 파릇파릇한 모습을 보면 자기도 마음이 맑고 밝아져. 세 번째는 식물이 크는 모습을 보기 위해 기다리고 관찰하면서 조급함에서 벗어날 수 있다는 거야. 네 번째는 주어진 환경에서도 끊임없이 성장을 추구하는 것을 보면 풍요 속에서도 성장을 이루지 못하는 자신을 다시 돌아보게 돼. 한마디로 표현해서 식물을 키운다면 마음의 치유를 빋고 끊임없이 성장을 추구하는 에너지를 얻을 수 있어.

나는 그대도 식물을 한번 키워보길 권하고 싶어. 긍정하고 받아들이는 만큼만 자신이 된다는 것을 잊지 않았으면 해.

우리는 연인이야

힐링 열풍이야. 힐링 캠프, 힐링 여행, 힐링 장소, 힐링 노래, 힐링 영화, 힐링 데이….

왜 이 사회에는 이처럼 힐링이 범람하게 되었을까? 힐링이 넘친다기보다는 마음이 아픈 사람들이 넘쳐난다고 해야 맞는 말일 거야. 입사하면 내 맘대로 하고 싶은 것을 하며 살고 싶었고, 스스로 억압하며 견디던 것을 벗어 던지고 마음속에 묻어둔 꿈을 꺼내고 싶었어. 내가 좋아하고 잘할 수 있는 것, 내가 중요하다고 생각하는 것을 해보고 싶었어. 그러나 사회는 내 맘대로 할 수 있을 정도로 녹록하지 않아.

친구와도 경쟁하는 비정한 학창시절을 벗어나면 마음의 상처가 조금 아물 거라고 생각했지. 그러나 이제 동료와 경쟁해야 하는 잔인함 속에 상처는 더 깊어만 가고, 처지면 불안하고 너무 앞서가면 정에 맞을까 두렵고, 중간을 고집하면 기회주의자가 되는 현실. 이렇게 흔들리며 여기까지 왔지만 앞으로 또 어디로 가야 할지 모르는 암담한 현실에서 설상가상 이제 숨까지 차오르고 지치기만 하는 것은 마음의 상처가 더 깊어져서야. 힐링 열풍은 우리 모두의 아픔이 더 깊어졌다는 증거지. 지금 모두가 마음의 치유를 원하는 건 그래서야.

치유되지 않은 상처는 결코 망각되거나 사라지지 않아. 어릴 적 마음의 상처가 성장해서도 나를 힘들게 하잖아. 그뿐 아니라 치유되지 못한 상처가 있으면 다른 사람에게도 상처를 입히거나 자기 처벌로 이어지기도 해. 이것이 지금 우리가 힐링해야 하는 이유야.

마음의 상처가 언제부터 생겼는지 딱 잘라 말할 수 없지만 아마 눈에 보이는 모든 것을 자기식으로 표현하던 어린아이의 마음을 잃으면서부터가 아닐까? 그러니까 학교라는 제도권에 들어가고부터 모든 게 내 마음 같지 않은데 어쩔 수 없이 수용하면서 마음에 상처가 생기기 시작했을 거야. 그리고 직장에 들어가면 치유할 수 있을 거란 기대가 무너지면서 상처는 더 깊어졌을 테고.

요리는 내가 주체가 되는 힐링 프로그램

나도 그랬어. 열심히 살면 모든 게 좋아지고 행복해질 거라 생각했어. 지금 생각해보면 참 바보 같지만. 현실을 저당 잡으며 행복은 미래에 있다고 생각하며 사는 건 얼마나 어리석은 짓인가. 나도 그런 바보 중 하나였어. 그렇게 바보처럼 믿고 살던 나는 서울로 자리를 옮겼는데, 다른 가족은 아이들 학교 때문에 5년 뒤에 서울로 이사했지.

그런데 주말 부부로 지낸 5년의 세월이 행복이란 무엇인지 깨닫게 했어. 행복은 미래가 아니라 바로 지금이란 시간 속에 있음을 안 거야. 왜 주말 부부는 3대가 덕을 쌓아야 할 수 있다고 하잖아. 내게는 덕을 많이 쌓은 조상님들이 있었나 봐. 이 기간에 새벽 두 시간의 여유를 만드는 습관과 책 읽고 정리하는 습관, 꾸준히 운동하는 습관 등 내게 긍정적인 변화가 많이 있었어. 무엇보다 매주 버스를 타고 오가면서 생각이 깊어지고 가족을 만나는 설렘과 가족에 대한 그리움 등 지금 가장 소중한 것이 무엇인지 알게 되었지. 그리고 그런 가족을 위해 하고 싶은 일이 생겼는데, 그것은 일요일 아침밥을 준비하여 같이 먹는 거였어.

그때부터 지금까지 일요일 아침은 내가 준비하는 게 평범한 일상이야. 요리하는 시간은 생각보다 즐겁고 행복감이 충만해지는 느낌이 들었어. 나도 모르게 콧노래가 나올 정도로. 일주일긴 쌓여 있던 몸과 마음의 피로가 어느 순간 잊히고 늘 새로운 한 주가 시작되는 거 있지. 월요일 아침을 맞이하는 설렘! 모두가 힘들어하는 월요일을 나는 그렇게 설렘으로 시작할 수 있었는데 그 중심에 요리가 있었지.

사실 나는 마음의 상처가 깊어지면서 여러 가지 치유 방법을 시도해보았어. 단식, 템플스테이 등 많은 치유 프로그램에 참여해봤지만 요리만 한 치유 방법은 없더군. 단식이나 템플스테이 등도 정말 좋지만 자주 그리고 연속적으로 할 수 없다는 단점이 있지. 무엇보다 요리는 내가 주체적으로 하는 반면에 다른 치유 방법은 참여자에 머물러.

남에게 의존하거나 종속될 수밖에 없는 상황들로 무력해지면서 마음에 상처가 생겼고 그런 상처를 치유하는데 주체적 활동이 아니라 수동적 참여만 한다면 치유에도 한계가 있지 않을까? 자신만을 위한 치유는 지극히 제한적이라는 말이야. 나만을 위하는 방법은 조금 이기적인 것 같잖아. 치유는 나만 위하기보다 나와 더불어 다른 사람도 위하는 게 더 효과적이야. 그래서 봉사를 가장 좋은 치유 활동이라고 하는지도 모르지.

사람이 가장 행복할 때는 사랑하는 사람과 음식을 먹을 때라고 해. 말하자면 혼자가 아닌 관계 속에 있을 때야. 치유도 혼자보다는 누군가와의 관계 속에서 잘 이루어지는 게 아닐까? 그래서 사랑하는 사람들과 함께 먹기 위해 하는 요리는 말할 수 없는 기쁨을 주는 거야(허기를 채우기 위한 행동은 요리가 아니란 것은 알겠지?).

그뿐 아니야. 준비하는 과정의 정성스러움은 순례자의 마음과 같아. 좋은 재료를 고르고 건강을 챙기고 맛과 비주얼은 물론 함께 먹을 사람을 생각하며 요리하기 때문이지. 정성이란 지금보다 더 나은 삶을 추구할 때 하는 마음과 행동 즉, 더 밝아지고 더 넓어지고 더 높아지는 성장을 위한 마음가짐이잖아. 정성이란 배우는 지식이 아니라 몸과 마음으로 실천하는 습관이야. 우리의 삶 속에서 정성스런 행동을 만들어 몸에 밴 습관을 많이 지닌다는 건 그만큼 행복한 성장을 이룬다는 얘기야. 요리에 맛의 차이는 있을지라도 정성의 차이는 없어. 세상의 어떤 저울도 정성의 경중을 잴 수는 없거든.

요리야말로 조화롭고 창조적인 활동

내 요리 과정도 그래. 보통 토요일 오후 늦은 시간에 마트나 시장에 가는데 몇 가지 사지 않는데도 한 시간 이상 훌쩍 지나. 마트에서 구입해야 하는 것과 재래시장에서 사야 하는 것을 구분하고 재료의 상태를 보고 생산 일자와 원산지를 확인하며 꼼꼼히 챙기다 보면 그렇게 걸려. 그리고 사 온 재료들을 다듬고 씻지. 이러한 과정이 다 정성스런 마음가짐과 행동이야.

요리하는 과정은 재료 준비 과정보다 더 정성스런 행동이고 조화로우며 창조적인 활동이야. 요리에 따라 조금씩 다르지만 조미와 숙성은 물론이고 불을 조절하고 시간을 관리하는 모든 과정에 정성이 스며들어야 하거든. 그래야 맛에 깊이가 생기고 기쁨을 줄 수 있어. 또한 요리는 융합하고 창조하는 활동이야. 재료와 재료, 재료와 양념의 융합을 통해 전혀 다른 맛의 요리가 만들어지고 새로운 요리가 탄생하는 거야. 이러한 창조적인 활동을 몸과 머리가 자연스럽게 기억하면서 요리의 영역을 넘어 일과 삶 전체로 확장된다고 생각해.

지식을 습득해서 어느 날 갑자기 창조적인 사람이 되는 게 아니라 창조적인 활동이 쌓여야 그렇게 되는 거야. 나도 요리를 즐기면서 자연스럽게 사물과 사물의 연결고리를 찾고 섞고 분류하는 융합 활동을 하면서 보다 창의적으로 변했거든.

그뿐만 아니야. 요리는 한 번 하고 끝나는 단발성 활동이 아니라 더 맛있는 요리를 기약하게 하는 연속적인 활동이야. 한 번 해서 맛이 없다고 끝나는 행위가 아니라 고민하게 하고 다음에는 더 맛있게 만들고 싶은 욕심과 도전정신을 유발하는 활동성이 있어. 다시 말해 끊임없는 성장을 이끄는 활동이지. 우리가 부단히 성장할 수 있는 것은 이처럼 성장이 담보되는 활동에 따른 결과이지 않을까?

그리고 요리는 문화이고 예술이야. 프랑스에 있는 세계 최대 요리학교 '르 코르동 블루'에서 셰프를 예술가라고 하는 것도 요리가 단순히 먹는 것을 만드는 기술이 아니라 작품을 만드는 예술 활동이기 때문이야. 그대가 지금 하는 일도 누군가 시키는 일을 단순히 처리하는 게 아니라 일 속에 자기의 생각과 고민을 스며들게 한다면 작품활동이 될 수 있지. 이때 비로소 우리가 하는 일의 주인이 되고 그 일은 예술 활동이 될 거야.

요리에서 또 한 가지 중요한 것은 내가 기준이 된다는 점이야. 요리에는 필히 레시피가 있어. 처음에는 다른 사람 레시피를 따라 하는데 모방은 제2의 창조적 활동이니까 그건 잘못된 게 아니야.

요리하는 과정은 재료 준비 과정보다 더 정성스런 행동이고 조화로우며 창조적인 활동이야.

처음에는 백종원의 레시피를 따라 해도 시간이 지나면 나만의 레시피를 만들 수 있어.

　내가 잘하는 몇 가지 요리 중에 돼지 앞다리 찜(돼지 살코기의 맛은 앞다릿살이 가장 맛있다는 것을 반영해서 내가 작명했어.)이란 음식이 있어. 지금까지 한 번도 공개하지 않은 레시피를 그대에게 공개하니 한 번 실천해봐. 먼저 재료(돼지 앞다릿살 600그램, 다진 마늘 한 스푼, 양파1개, 고추장 세 스푼, 고춧가루 조금, 후추 약간, 참기름, 물엿, 콩나물 한 봉지, 대파 한 대)와 오목한 프라이팬을 준비하면 돼. 먼저 돼지고기와 다진 마늘, 고추장, 물엿을 넣고 양념이 고기에 스며들게 여러 번 주물러 30분 정도 숙성을 시킨 다음 양파와 후추 그리고 참기름을 넣고 한 번 더 잘 섞이게 주물러서 프라이팬에 넣어. 그 위에 콩나물을 올리고 중간불로 15분 정도 끓인 후 콩나물과 고기를 잘 섞은 다음 대파를 올려 약한 불로 2분 정도 더 끓이면 끝! 글로 보니까 어려워 보이지만 그렇게 어렵지 않아. 그러니 따라 해봐. 이 요리의 레시피는 내가 몇 번의 시행착오를 거쳐 만들었어. 그래서 이 요리를 할 때 가장 자부심을 느끼지. 이런 게 바로 자기가 기준이 된다는 거야. 일하는 사람으로서 일의 기준이 되는 것만큼 기분 좋은 순간은 없다는 걸 그대도 알잖아. 이러한 활동이 자연스럽게 이루어지면서 자기 일에 대한 자부심이 생기고 일이 즐거운 활동으로 전환되지. 힐링은 일에서 벗어나는 게 아니라 지금 하는 일을 즐거운 활동으로 만들 때 가능한 거야. 나는 요리가 그런 활동성을 돕는, 가장 좋은 방법이라고 봐.

요즘 인기 있는 프로그램에 요리가 빠지지 않고, 흔히 말하는 먹방 프로그램이 쏟아져 나온 건 요리가 단순히 먹는 것을 만드는 행위를 넘어 마음의 상처를 치유하는 효과가 있어서이지 않을까? 보는 행위만으로도 치유 효과가 있는데 직접 요리를 한다면 어떻겠어? 요리는 치유를 넘어서 끊임없이 성장하는 삶으로 전환을 이루는 데 가장 좋은 방법임을 기억하고 실천하기 바라. 이것이 내가 그대에게 요리를 해보라고 권하는 이유야. 그리고 '꼭'이란 말을 덧붙이고 싶어.

분명 그대의 삶에 변화가 생길 거야.

자유롭지 않은 자에게

푸른 언덕에 배낭을 메고
황금빛 태양 축제를 여는
광야를 향해서 계곡을 향해서
먼동이 트는 이른 아침에
도시의 소음 수많은 사람
빌딩 숲 속을 벗어나 봐요
여행을 떠나요 즐거운 마음으로 모두 함께 떠나요.🎵

가수 조용필의 〈여행을 떠나요〉란 노래야. 옛날이나 지금이나 듣는 것만으로도 몸과 마음이 가벼워지고 상쾌해지는 기분을 느낄 수 있는 노래지. 모 여행 사이트에서 남녀 1,000명을 대상으로 여행 행복지수 설문조사를 했는데, 응답자의 96.9%가 여행을 떠올리면 행복감을 느낀다고 했어. 그대는 여행을 어떻게 생각하는지 궁금하군. 현실에 얽매여 떠나지 못하는 것이 항상 평범함을 넘지 못하는 이유라는 생각 해봤어? 무미건조한 일상, 어제 같은 오늘, 술이나 한잔 먹어야 흥이 생기고 술이 깨면 허망함이 밀려온다는 그대에게 지금 필요한 것은 여행이야. 언젠가 내가 그랬지, 여행은 평범과 비범을 가르는 문지방과 같다고. 신화에 나오는 모든 영웅이 여행을 떠났다가 돌아왔을 때 과거의 그는 사라지고 새로운 그가 나타나듯이 여행은 평범함을 비범하게 만드는 힘이 있어. 나는 그대에게 그런 여행의 힘에 관해 이야기하고 싶었어. 언젠가 함께 할 여행을 꿈꾸며 말이야.

먼저 여행이 주는 비범함이란 무엇일까? 비범함은 보통을 넘어서는 힘을 말하잖아. 모든 살아있는 생물들이 저마다 환경에 적응하기 위해 변화해가듯이 비범함을 가르는 우리의 기준도 바뀌고 있어. 예전에는 지식이 비범함의 기준이었어. 베이컨이 "아는 것이 힘이다"라고 말할 정도였으니까. 물론 지금도 지식은 중요한 힘의 원천이지만 그것은 '우리'라는 우리 안에 갇혀있을 때 가치를 가졌던 거야. 지금은 그대도 알다시피 우리에서 나온 '나'라는 개인과 개인의 감정이 중요한 가치가 되었어. 말하자면 IQ보다 EQ가 더 중요해졌지. 감성지수는 자신의 감정을 적절히 조절하고, 원만한 인간관계를 구축할 수 있는 마음의 지능지수라고 하잖아.

그런 감성지수를 높이는 여러 가지 방법 중 최고가 나는 여행이라고 생각해. 특히 감성지수는 사람이 느끼는 오감, 즉 시각, 청각, 촉각, 미각, 후각의 합이라고 보거든. 그리고 오감을 모두 느낄 수 있는 종합선물세트 같은 것이 바로 여행이야. 감성지수가 높고 여행을 즐기는 사람이 행복한 것은 오감을 느낄 수 있기 때문이야.

배낭 안에 현실을 넣고 비틀거리지 마

여행은 한마디로 새로운 세상으로 떠나는 여정이며 익숙한 것과의 결별이고, 낯선 곳에서 아침을 맞는 거야. 그래서 여행을 준비하는 사람은 이미 현실을 벗어나 지금과는 전혀 다른 세상으로 들어가게 돼. 낯선 곳에 대한 두려움과 설렘이 있는 새로운 모험의 시작이야. 신화에서처럼 지금까지 한 번도 접해보지 않은 세력과의 관계 속으로 들어가는 거지. 여행에서 만나는 것이 풍요로움이 아니고, 여유도 아니고, 느긋함도 아닐 때, 마음은 서글퍼져. 현실을 벗어나 만나는 게 동일한 현실, 생업으로부터 겨우 도망쳐 또 생업과 만날 때, 나와 여행에서 만나는 그들의 현실이 동일할 때 우리는 쓸쓸해져. 그러나 나의 현실이 그들과 다를 때, 나와 그들의 생업이 다를 때, 나의 현실과 생업이 그들에게 낯설고 그들의 현실과 생업이 나에게 또 다른 차원의 현실이 되어 내 상상을 자극할 때, 내 현실의 지평이 넓어질 때, 그리하여 내가 전혀 다른 문명에 들어갈 때, 여행의 진정한 맛과 가치를 느낄 수 있어. 몽골의 초원과 사막과 게르와 마유주와 말은 그들의 일상과 현실과 생업이지만 나에게는 아득한 꿈이고 상상이 되잖아. 그곳에는 또 다른 현실이 존재하고, 그것을 인식하고 만나는 순간 내 현실의 지평은 그들의 막막한 초원처럼 넓어지겠지. 그러니 여행을 떠날 때 배낭 안에 현실을 넣고 비틀거리며 가지 마. 현실의 고민을 해결하기 위해 떠나는 것은 여행이 아니라 도피야. 여행은 도피가 아니라 새로운 삶의 여백을 만드는 활동이거든.

본래의 자기 것은 무겁지 않은 거야. 자기 것이 아닌 걸 들고 다닐 때 무거운 법이지. 그러니 여행은 남의 것을 메고 떠나는 게 아니라 다 내려놓고 본래의 자기 것만 가지고 떠나는 거야.

몇 년 전 나도 지리산 둘레길 여행에서 그랬어. 물질세계를 벗어나 전혀 다른 세상에 온 느낌으로 내 안의 많은 감각기관과 의식 세계가 깊고 넓어지는 경험을 했거든. 주인 없는 주막에서 막걸리를 마시며 그들의 믿음으로 인해 나도 선한 생각을 가지게 되고, 산골 원주민의 삶에서 고달픔이 아니라 지혜로운 일상의 소리를 만나면서 구석구석에서 배어 나오는 삶의 향기에 고개를 수없이 끄덕였어. 원주민 민박집의 후한 인심에 내 마음도 저절로 넓어지고 다시 따뜻해지는 것을 느꼈지. 여행은 그런 거야. 다른 사람이 덮던 이불을 덮고 자고, 다른 사람이 먹던 밥그릇과 숟가락으로 밥을 먹는 거야. 온갖 사람들이 다녀간 여관방 낡은 벽지 앞에서 옷을 갈아입는 거고, 그 벽지가 기억하는 수많은 사람들 이야기 속에 자기 이야기를 전하는 거야. 그리하여 자신을 다른 사람에게 보내고, 다른 사람을 자신 속으로 받아들이는 거야.

여행은 현실 도피가 아니라 다시 돌아오기 위해 떠나는 거야. 버리기 위해 떠나고 버린 후에 되돌아오는 것이고, 현실 속의 질서에 지치면 떠나고 떠나서 만나는 것에 익숙해지면 다시 돌아오는 거야. 돌아올 곳이 있기에 여행은 비장할 필요가 없어. 그렇게 가볍게 떠나고 더 가벼워져 돌아올 때, 생각은 넓고 깊어지고, 오감이 살아나고 몸과 마음은 가벼워져 날아다닐 것 같은 비범한 내가 될 수 있지. 이것이 신화에서 말하는 영웅의 귀환이며, 그대 또한 영웅이 되어 돌아오는 거야.

자기의 질서를 찾아 떠나는 여정

이제 다시 그대의 일상으로 돌아와 생각해봐. 다람쥐 쳇바퀴 돌듯이 아침에 눈 뜨면 씻고 먹고 입고 버스를 타지. 버스에서 조금 졸다 보면 회사에 도착하고 아직 잠이 덜 깬 눈을 비비며 사무실에 올라와 습관처럼 컴퓨터를 켠 후 인터넷 뉴스를 검색하고 메일을 확인하고 회의하고 퇴근할 때까지 이런 일상은 반복될 거야. 사람들은 대기업에 다닌다는 사실만으로도 부럽다고 하지만, 정작 자신은 조직 내에서 자기의 정체성을 발견하지 못하고 대기업 직원이니까 뭔가 대단한 일을 할 것 같지만 실상은 그렇지 못하잖아.

위에서 전달된 지시사항을 수용하여 처리하고, 실적을 취합해서 정리하고, 문제가 생기면 해당 부서에 전화해서 윽박지르거나 사정하는 일 등 그런 생활에 익숙해지면서 거창함과는 거리가 먼 일상이 되었어. 일정한 환경에서 활동하며 살아가는 생활이 당연해서 일상이 되는 게 아니라, 일상이 되어서 생활이 당연해진 거야. 그렇다 보니 일을 통한 보람이나 성취, 자아실현 같은 것은 교과서에 나오는 말이 되었어.

이미 만들어진 문화를 누구보다도 착하게 수용하며, 다른 동기들보다 빠르게 조직에 적응하면서 일찍 어른이 되어갔지만 그대는 그만큼 빠르게 젊음의 펄떡임을 잃어간 셈이지. 그러니까 소금물 같은 조직의 낡은 문화를 빠르게 수용하면서 스스로 간고등어처럼 염장해가며 자유를 잃어간 거야. 그대의 일상이 매력적이지 못한 것은 자유가 없기 때문이야. 일상은 내가 매여있는 질서가 되고 일상의 질서에 지치면 자유를 찾아 떠나야 하는데 그러지 못하면서 그대의 삶에서 설렘이 빠져나갔어. 그대가 지금 활기를 잃고 지쳐있는 것은 바로 자유를 잃었기 때문일 거야.

그대는 여행을 한가하고, 돈 있는 사람들의 전유물 정도로 생각하는 것 같은데, 그렇지 않아. 여행은 누구나 가질 수 있는 자유야!

자유의 사전적 의미는 외부적 구속이나 제약에서 벗어나 자기 마음대로 할 수 있는 상태야. 그런데 니체는 《우상의 황혼》(송무 역, 청하, 1981.)에서 자유란 누구에게나 발견되는 것이 아니라 무엇인가를 극복하려는 '저항'과 관련이 있다고 했어.

> 자유는 무엇에 의해 측정되는가? 극복되어야 할 저항에 의해, 위에 머물기 위해 치러야 할 노력에 의해, 최고로 자유로운 인간 유형은 최고의 저항이 끊임없이 극복되는 곳에서 발견될 수 있을 것이다.

이는 저항이 없다면 자유도 없다는 얘기잖아. 자신을 억누르는 조건에 아무런 저항 없이 순순히 따르기만 하는 사람에게는 자유가 주어지지 않는다는 의미이기도 해.

자유란 다른 사람이 세워 놓은 질서에 순응하는 것이 아니라, 나 자신의 질서를 발견하는 거야. 여행은 그런 나의 질서를 찾아 떠나는 여정이고 저항이야. 그대가 여행을 쉽게 떠나지 못하는 것은 한 번도 "아니요"라고 말하지 못하는 낙타의 삶을 살고 있기 때문이야. 그러니 이제 "아니요"라고 외치는 자유로운 사자의 삶을 살아봐. 현실에서 자유로워지고 싶다면 그대 일상의 쳇바퀴에 저항하라는 거야. 그리고 떠나. 여행에서 돌아온 그대는 분명 어제의 그대가 아닐 거야. 비범해진 그대를 기다릴게.

휴식은 아무것도 하지 않는 상태를 말하는 것이 아니다. 그것은 창의적인 활동을 위한 삶의 여백을 만드는 활동이다. 휴식은 창의성을 요구하는 이 시대에 가장 필요하면서도 가장 유익한 활동이다. 열심히 하기보다는 잘 쉬는 게 더 중요하다. 창의성이 일 속이 아니라 여가 속에 있다는 것은 일과 휴식의 경계가 무너졌다는 의미다. 그래서 혁신적인 기업은 놀이터 같은 환경을 의도적으로 만든다. 또한 여가는 인간의 가장 훌륭하고 독특한 능력 즉, 생각하고 느끼고 반성하고 창조하고 배우는 능력을 끌어낸다. 삶이 충만하기 위해서는 이런 채움이 있어야 한다.

1. 자기만의 아지트를 만들어라.

- 공간은 마음의 소리를 듣는 곳이라고 했다. 마음이 편하고 위로가 되고 스트레스가 해소되고 에너지가 충전되는 곳이 바로 아지트다. 격식을 차릴 것도 없이 소박하고 수다 떨기 좋고 음식이 있고 출입이 자유스러운 곳이면 좋다.

2. 식물을 키워보라.

- 내가 나한테 무관심해질 때 매너리즘에 빠졌다고 나를 다그치지 말고 식물을 키워보라. 식물과 교감하면 저도 모르게 마음의 문이 열리고 밝아진다. 식물은 말을 못할 것 같지만 말을 하고 반응이 없을 것 같지만 한 바가지의 물에도, 작은 바람에도 몸을 흔들며 웃어주고 반응한다. 식물이 주는 배려를 받아보라.

3. 여행을 떠나라.

- 여행은 설렘이고 즐거움이면서 평범함을 비범함으로 만드는 힘이 있다. 여행은 현실 도피가 아니라 삶에 여백을 만드는 적극적인 활동이다. 일상이라는 질서에 지치면 떠나고 그곳이 익숙해지면 돌아오는 것이다. 그래서 여행은 비장할 필요가 없다. 여행은 누구나 가질 수 있는 자유다. 그런 자유가 우리를 자유롭게 만든다.

직장관계 백서
멋이~ 중헌디

다음 항목을 읽고 자신의 평소 행동과 가깝다고 생각되는 답변의 점수를 모두 합산하세요. 점수에 따라 다섯 개의 등급으로 분류됩니다.

감사함과 배려심

항목	매우 그렇다	그렇다	약간 그렇다	아니다	약간 그렇지 않다	매우 아니다
1. 직장에서 고맙다는 말을 잘한다는 소리를 듣는다.	6	5	4	3	2	1
2. 주변 사람들이 전화나 편지로 고맙다는 인사를 자주 한다.	6	5	4	3	2	1
3. 어떤 일을 생각해볼 때 주위에 고마워해야 할 사람들이 많다.	6	5	4	3	2	1
4. 평소 잘 알지 못하는 직장 동료에게 도움을 받으면 고맙다고 말한다.	6	5	4	3	2	1
5. 주변에 고마운 사람들이 많다.	6	5	4	3	2	1
6. 이 세상을 더 살기 좋은 곳으로 바꾸려고 애쓰는 사람들에게 고마움을 느낀다.	6	5	4	3	2	1
7. 타인을 돕는 누군가의 이야기를 들으면 세상에 그런 사람들이 존재한다는 사실이 고맙다.	6	5	4	3	2	1
8. 이 세상에 다른 사람들의 행복을 염려하는 사람이 있어 고맙다.	6	5	4	3	2	1
9. 토론할 때 직장 동료의 의견을 귀담아듣는다.	6	5	4	3	2	1
10. 직장 동료의 의견을 들을 때 늘 득이 된다고 생각한다.	6	5	4	3	2	1
11. 가정환경이나 배경에 관계없이 직장 동료를 존중하려고 노력한다.	6	5	4	3	2	1
12. 모두가 다른 사람의 관점을 이해하려고 노력한다면 세상은 좀 더 살기 좋은 곳이 될 것이다.	6	5	4	3	2	1
13. 사람들은 저마다 독특한 가치를 지니고 있다.	6	5	4	3	2	1
14. 다른 사람들의 노력과 꿈을 인정해줘야 한다.	6	5	4	3	2	1
15. 주변에 고마워할 만한 일이 별로 없다.	1	2	3	4	5	6
16. 이 세상에 고마워할 만한 일은 적다.	1	2	3	4	5	6
17. 세상의 다른 곳에서 일어나는 좋은 일들에 대해 별다른 고마움이 느껴지지 않는다.	1	2	3	4	5	6
18. 나와 의견 차이가 큰 직장 동료의 생각에서 가치를 발견하지 못하겠다.	1	2	3	4	5	6
19. 서로 입장이 다른 직장 동료들을 굳이 깍듯하게 대할 필요는 없는 것 같다.	1	2	3	4	5	6
20. 나와 의견이 다른 사람과 이야기할 때 무례해지는 경향이 있다.	1	2	3	4	5	6

- 106점 이상(80%) 감사함과 배려심이 많음
- 99~105점(60%) 감사함과 배려심이 있음
- 93~98점(40%) 감사함과 배려심이 부족함
- 92점 이하(20%) 감사함과 배려심이 매우 적음

보살핌과 자비심

항목	매우 그렇다	그렇다	약간 그렇다	아니다	약간 그렇지 않다	매우 아니다
1. 평소 직장 동료를 도와주는 편이다.	6	5	4	3	2	1
2. 동료가 도움을 필요로 할 때 도와준다.	6	5	4	3	2	1
3. 어떤 식으로든 직장 동료를 돕는 일은 내게 중요하다.	6	5	4	3	2	1
4. 어떻게든 인류에 기여하려고 노력한다.	6	5	4	3	2	1
5. 정기적으로 헌혈을 한다.	6	5	4	3	2	1
6. 이 세상을 더 살기 좋은 곳으로 바꾸려는 노력이 필요하다고 생각한다.	6	5	4	3	2	1
7. 동료가 아프면 병문안하러 간다.	6	5	4	3	2	1
8. 직장 동료에게 문제가 생기면 하던 일을 중단하고 그들을 돕는다.	6	5	4	3	2	1
9. 직장 동료에게 문제가 생기면 할 수 있는 한 최선을 다해 돕는다.	6	5	4	3	2	1
10. 세상의 불행한 사람들의 어려움을 덜어주고자 일하는 자선단체에 자주 기부한다.	6	5	4	3	2	1
11. 나와 안면이 없어도 곤란을 겪는 사람들을 보면 도와준다.	6	5	4	3	2	1
12. 세상의 불행을 겪고 있는 사람들을 돕는 운동에 동참한다.	6	5	4	3	2	1
13. 직장 동료를 돕는 일이 거의 없다.	1	2	3	4	5	6
14. 직장 동료를 돕는 데 굳이 시간을 할애할 필요를 느끼지 못한다.	1	2	3	4	5	6
15. 자선단체에 돈을 기부하는 것은 내 우선순위가 될 것 같지 않다.	1	2	3	4	5	6
16. 모르는 사람들에게 뭔가 내줄 필요를 느끼지 못한다.	1	2	3	4	5	6
17. 직장 동료에게 문제가 생겨도 무감각한 내 자신을 발견할 때가 있다.	1	2	3	4	5	6
18. 지역 사회나 직장에서 여러 문제로 고생하는 사람들을 봐도 별로 안됐다는 생각이 들지 않는다.	1	2	3	4	5	6
19. 생면부지의 사람에게는 그가 아무리 힘들어 보여도 연민을 느끼기 어렵다.	1	2	3	4	5	6
20. 세상의 다른 지역에서 고통을 겪는 사람들 얘기를 들으면 대개는 무시한다.	1	2	3	4	5	6

- 106점 이상(80%) 보살핌과 자비심이 많음
- 99~105점(60%) 보살핌과 자비심이 있음
- 93~98점(40%) 보살핌과 자비심이 부족함
- 92점 이하(20%) 보살핌과 자비심이 매우 적음

너그러움과 용기

항목	매우 그렇다	그렇다	약간 그렇다	아니다	약간 그렇지 않다	매우 아니다
1. 내게 상처 입힌 직장 동료를 용서하려고 노력하는 편이다.	6	5	4	3	2	1
2. 직장 동료가 내 기분을 상하게 했다고 해서 앙심을 품지 않는다.	6	5	4	3	2	1
3. 주변과 직장에서 용서의 모범을 보이려고 노력한다.	6	5	4	3	2	1
4. 주변 사람들이 세계 곳곳에서 일어나는 갈등을 더 너그럽게 바라보았으면 하고 바란다.	6	5	4	3	2	1
5. 외교관에게서 용서의 측면이 지금보다 훨씬 더 큰 부분을 차지해야 한다고 생각한다.	6	5	4	3	2	1
6. 함부로 행동하는 직장 동료에게 찾아가 따진 적이 있다.	6	5	4	3	2	1
7. 부당한 정책에 항의하는 직장 모임이나 지역 사회 모임에 나간 적이 있다.	6	5	4	3	2	1
8. 직장이나 지역 사회에서 공정한 분위기를 만들 수 있다면 개인적인 희생은 감수하겠다.	6	5	4	3	2	1
9. 세상의 불의를 바로잡는 일에 현신하는 사회단체에 후원하고 있다.	6	5	4	3	2	1
10. 약간의 위험이 따르더라도 세상을 더 좋게 바꾸는 운동에 기꺼이 동참하겠다.	6	5	4	3	2	1
11. 부당한 관행에 맞서 항의나 청원, 행동의 형태로 내 의견을 당당하게 밝힌 적이 있다.	6	5	4	3	2	1
12. 주변 사람이 내 기분을 상하게 했다면 조만간 되갚아줄 것이다.	1	2	3	4	5	6
13. 직장 동료로부터 복수심이 강하다는 말을 듣는 편이다.	1	2	3	4	5	6
14. 우리나라가 공격을 받는다면 복수하는 것이 가장 좋은 문제 해결 방법이다.	1	2	3	4	5	6
15. 적대적인 외부 세력 때문에 나라가 위기에 처한다면 그 이상으로 되갚아주어야 한다.	1	2	3	4	5	6
16. 과거 우리 나라를 괴롭힌 적대국들을 용서해서는 안 된다.	1	2	3	4	5	6
17. 함부로 행동하는 이웃이나 지역 주민들이 있어도 신경쓰지 않는 편이다.	1	2	3	4	5	6
18. 나는 부당한 정책에 항의하는 모임에 참석하는 부류와는 거리가 멀다.	1	2	3	4	5	6
19. 소심한 편이라 '세상을 바꿀' 엄두를 못 낸다.	1	2	3	4	5	6
20. 내 인생만으로도 벅차서 세상을 더 살기 좋은 곳으로 만들려는 노력에는 관심이 없다.	1	2	3	4	5	6

- 106점 이상(80%) 너그러움과 용기가 많음
- 99~105점(60%) 너그러움과 용기가 있음
- 93~98점(40%) 너그러움과 용기가 부족함
- 92점 이하(20%) 너그러움과 용기가 매우 적음

유머와 창의력

항목	매우 그렇다	그렇다	약간 그렇다	아니다	약간 그렇지 않다	매우 아니다
1. 직장 동료에게 휴식이 필요하다고 생각되면 잘 웃겨주는 편이다.	6	5	4	3	2	1
2. 직장 동료가 삶의 문제에 잘 대처할 수 있도록 유머를 이용해 도와준다.	6	5	4	3	2	1
3. 직장 동료와 함께 즐거운 경험을 나눌 때 기분이 좋다.	6	5	4	3	2	1
4. 유머를 활용해 사람들에게 새로운 시각과 희망을 주려고 노력한다.	6	5	4	3	2	1
5. 분위기가 서먹할 때 그것을 유머나 재미있는 이야기로 깨려고 노력한다.	6	5	4	3	2	1
6. 처음 만나는 사람들에게 늘 웃는 얼굴로 다가간다.	6	5	4	3	2	1
7. 시간을 들여서라도 이웃이나 직장 동료가 참신한 아이디어를 낼 수 있도록 도와주고 싶다.	6	5	4	3	2	1
8. 창의적인 방법으로 직장 동료를 도와주는 일을 좋아한다.	6	5	4	3	2	1
9. 직장 동료의 개인적 성장에 도움이 될 만한 책이나 영화를 신경 써서 살핀다.	6	5	4	3	2	1
10. 사람들이 살아가면서 중요한 인간관계를 키워갈 수 있도록 도와준다.	6	5	4	3	2	1
11. 삶에 긍정적 영향을 미치는 애착 관계를 중요하게 생각한다.	6	5	4	3	2	1
12. 스트레스를 받은 동료들을 굳이 웃기려고 노력하지 않는다.	1	2	3	4	5	6
13. 직장 동료가 좀 더 긍정적으로 생각하도록 돕기 위해 유머를 이용해본 적이 없다.	1	2	3	4	5	6
14. 내 생각을 밝히거나 사람들을 격려할 때 유머를 잘 활용하지 않는다.	1	2	3	4	5	6
15. 낯선 사람들과 있으면 잘 웃지 않는다.	1	2	3	4	5	6
16. 직장 동료나 지역 사회 사람들에게 좋은 해결책을 제시해주는 일에 별 도움을 주지 못한다.	1	2	3	4	5	6
17. 직장 동료를 설득해 중요한 대의에 동참하게 만드는 일에 서툴다.	1	2	3	4	5	6
18. 아이들이 목표를 세우고 달성할 수 있도록 도와주는 일에 별 관심이 없다.	1	2	3	4	5	6
19. 다른 사람들에게 기회를 마련해줄 방법을 생각하는 일은 내 관심사와 거리가 멀다.	1	2	3	4	5	6
20. 다른 사람들을 도와줄 좋은 방법을 모색하는 일에 별로 관심이 없다.	1	2	3	4	5	6

- 106점 이상(80%) 유머와 창의력이 많음
- 99~105점(60%) 유머와 창의력이 있음
- 93~98점(40%) 유머와 창의력이 부족함
- 92점 이하(20%) 유머와 창의력이 매우 적음

충실함과 경청

항목	매우 그렇다	그렇다	약간 그렇다	아니다	약간 그렇지 않다	매우 아니다
1. 아무리 번거로워도 될 수 있으면 직장 동료를 도우려고 노력한다.	6	5	4	3	2	1
2. 직장 동료는 어떤 상황에서도 나를 믿고 의지할 수 있다는 걸 알고 있다.	6	5	4	3	2	1
3. 직장 동료도 같은 공동체 일원으로 언제든 내게 기댈 수 있다.	6	5	4	3	2	1
4. 무엇을 사고 어떻게 시간을 보낼지 결정할 때 공동의 선의 관점에서 생각하려고 한다.	6	5	4	3	2	1
5. 우리 개개인은 인류라는 공동체의 일원이라고 생각한다.	6	5	4	3	2	1
6. 조금 힘이 들더라도 사회에 혜택이 돌아갈 수 있는 방법을 찾으려고 노력한다.	6	5	4	3	2	1
7. 직장 동료는 골치 아픈 문제가 생기면 나를 찾아와 이야기한다.	6	5	4	3	2	1
8. 직장 동료는 자신의 속을 털어놓고 싶을 때면 나를 찾는다.	6	5	4	3	2	1
9. 직장에서 나는 다른 사람의 문제에 관심을 기울여주는 사람으로 알려져 있다.	6	5	4	3	2	1
10. 생면부지의 타인이라도 이야기를 들어줄 사람이 필요하다면 시간을 낼 수 있다.	6	5	4	3	2	1
11. 이 세상에서 일어나고 있는 문제에 관심을 기울이려고 진심으로 노력한다.	6	5	4	3	2	1
12. 나한테 이익이 될 때만 직장 동료를 돕는 편이다.	1	2	3	4	5	6
13. 주로 내 사정이 허락할 때만 직장 동료를 돕는다.	1	2	3	4	5	6
14. 바빠서 봉사 단체나 활동에 시간을 내지 못하더라도 별로 아쉬울 것 같지 않다.	1	2	3	4	5	6
15. 모르는 사람들한테는 굳이 신의를 지킬 필요를 느끼지 못한다.	1	2	3	4	5	6
16. 직장 동료가 문제가 생겨 나와 의논하고 싶어하는 눈치여도 모른 척할 것 같다.	1	2	3	4	5	6
17. 직장 동료 중에 상담하고 조언을 구하기 위해 나를 찾는 사람은 별로 없다.	1	2	3	4	5	6
18. 너무 바빠서 모르는 사람과 이야기를 나눌 시간이 없다.	1	2	3	4	5	6
19. 솔직히 세상에서 일어나고 있는 문제를 생각할 만한 시간적 여유가 없다.	1	2	3	4	5	6
20. 내 일에 온통 정신을 빼앗겨서 모르는 사람의 문제를 헤아려줄 시간이 없다.	1	2	3	4	5	6

- 106점 이상(80%) 충실함과 경청이 많음
- 99~105점(60%) 충실함과 경청이 있음
- 93~98점(40%) 충실함과 경청이 부족함
- 92점 이하(20%) 충실함과 경청이 매우 적음

에필로그

성장은 위대한 자기를 발견하는 일

팀장업무를 수행할 때 한 후배가 내게 왜 그렇게 일을 열정적으로 하는지 이유를 물었다. 그때 나는 세상이 만들어주는 대로 사는 수동성에서 벗어나 조직 속에 내 생각 하나하나가 쌓이고 숨을 쉬게 하여 역사가 되고 싶다고 했다. 되돌아보면 조직의 새로운 기준을 만들고 좋은 문화를 만들겠다는 생각들이 나를 지속적으로 성장시킨 것이다.

이번 일도 그랬다. 입사 때의 설렘과 열정은 3~4년을 넘기지 못하고 그저 그런 행정가로 남아 무력해지는 후배들이 안타까워서 시작했지만 이 작업을 하면서 나는 더 깊어지고 넓어지고 높아진 것 같다. 그들을 위해 시작한 작업이 나를 위한 일이 된 셈이다. 이 글을 읽는 후배들의 성장 역시 확신한다.

이 책은 전체적으로 성장에 관해 이야기하고 있다. 성장은 변화의 과정이고, 살아 있는 것은 스스로 변화한다. 반면에 죽은 것은 자신을 스스로 변화시키지 못하고, 단지 상황이 그것을 바뀌게 할 뿐이다. 이것은 변화가 아니라 썩어가는 것이고 도태되어가는 것이다. 남이 만들어주는 대로 살아서도 안 되고 이미 만들어진 가치를 수용하고 기준에 순응하며 살아서도 안 된다. 삶은 스스로 만들어가는 것이고 가치의 생산자가 되는 것이고, 한 번쯤 내가 기준이 되어보는 것이다. 그러므로 성장은 모든 살아있는 것의 아름다운 욕망이다.

성장은 겉으로만 자기의 영토를 넓히는 것이 아니다. 나무가 중력을 거스르고 빛의 힘을 구하여 가지를 뻗고 줄기를 키우기도 하지만 중력의 힘을 구하여 자기를 지탱할 수 있는 뿌리를 깊게 내리며 성장하듯이 사람도 이와 다르지 않다. 꿈과 비전을 가지고 무의미한 현실을 거부하며 외적인 성장도 하지만 실수와 실패란 상처를 통해 내적인 즉, 정신적인 성장도 한다. 뿌리가 약한 나무는 작은 바람에도 쉽게 꺾이듯이 실수와 실패로부터 배움을 얻지 못한 성장은 쉽게 무너진다. 그러므로 성장은 아픈 것이고 수많은 실수와 상처를 수반하는 모색의 시간을 보내고 나서야 찾아드는 것이다. 쉽게 좌절하고 절망하지 말고 그걸 견디고 이겨야 한다.

또한, 성장은 비교 우위를 점하는 일이 아니다. 성장은 동료보다 앞서는 게 아니고, 다른 누구와 비교하여 평가하고 평가받는 게 아니기 때문이다. 그런 비교 속에는 시기와 질투 그리고 미움만이 존재한다. 성장은 누구와도 비교되지 않는 위대한 자기를 발견하는 일이다. 자기의 타고난 재능을 알아내고 학습과 경험을 통해 더욱 단련시켜 탁월한 강점으로 만드는 것이다. 그런 자기의 강점으로 혁명을 일으키는 것이다. 그리하여 나도 한번 기준이 되어보는 것이다. 성장을 위한 경쟁은 오직 1인칭이어야 한다.

고도 성장기에서 이루어진 외적 성장의 가치를 부정할 수는 없다. 그땐 다른 사람과 경쟁하여 얻는 개인의 외적 성장도 중요한 가치 중의 하나였다. 그러나 그것은 조직과 사회가 아름다워지지 못한 원인이 되기도 했다. 그런 경쟁과 싸움에서 얻은 전리품으로 배는 채울 수 있었지만 행복해지진 못했다. 이제 고도성장의 시대가 막을 내리고 경제는 더디게 성장하고 있다. 이로 인해 사회의 모든 가치가 변하고 있으며 그 중심은 지속가능함이다. 강한 것이 살아남는 것이 아니라 살아남는 것이 강한 시대가 되었다. 살아남는 것은 예전이나 지금이나 함께할 때 가능하다. 인간이 지구의 주인이 되었던 것도 따지고 보면 함께했기 때문이다. 성장은 혼자만을 위한 것이 아니라 우리 모두 함께 하는 것이어야 한다.

웨이드 데이비스의 《세상 끝 천 개의 얼굴》(김훈 역, 다비치, 2011.)에는 이런 글이 있다. 데이비스 교수의 스승인 하버드대 메이버리 루이스 교수가 전해준 얘기인데, 브라질 아퀘샤반테족은 1년에 몇 번씩 두 팀으로 나눠 통나무를 짊어지고 초원을 가로지르는 달리기 시합을 벌였다. 루이스 교수도 그 시합에 함께할 기회가 있었다. 첫 번째 경주에서 교수가 참여한 팀이 이겼다. 그런데 모두 낙담한 표정이었다. 다음번 경주에선 교수의 팀이 졌다. 이번엔 상대

팀도 기운이 없었다. 세 번째 경주에서 두 팀이 거의 동시에 결승점을 통과했다. 양 팀 사람들과 부족원 전체가 환호하고 난리였다. 경주의 목적은 이기는 것이 아니라 양 팀이 함께 도착하는 것이었다. 루이스 교수가 말했다. "그 사람들이 그런 식의 경주를 하지 않았다면, 혹은 그 경주가 결속을 이루는 것으로 끝나지 않았다면 어떤 일이 일어났을까요? 그 문화는 쇠퇴해버렸겠지요."

그들의 경쟁은 시기와 미움이 없는 치열함이고, 이해가 동반된 사랑이다. 갈등은 해소되고 의식은 균형을 이룬다. 지금 우리에게는 더불어 사는 아퀘샤반테족의 지혜가 필요하다. 이제 모든 개개인이 성장을 이끄는 리더가 되어야 한다. 그런 리더십이 바로 모두 함께 성장하고자 하는 의지이다. 그런 의지가 있는 한 우리의 성장은 멈춤이 없을 것이고 세상은 더 아름다워질 것이다.

나는 감사함을 느끼며 산다. 태양처럼 조건 없이 내 마음을 비춰주는 많은 도움 속에 살아간다. 이 작업도 그렇다. 시대를 앞서 간 많은 사상가, 철학자, 구루들의 도움이 없었다면 불가능한 일이다. 특히 내 마음속 영원한 사숙 변화관리 사상가 고(故) 구본형과 고(故) 신영복 교수는 많은 영감을 주고 이끌어주었다. 자기경영 아카데미 오병곤 대표는 문장 하나하나가 살아있게 글쓰기에 조언을 아끼지 않았다. 마음 깊이 감사함을 느낀다. 비판과 격려를 아끼지 않은 책 쓰기 동지들, 솔직한 의견을 준 직장 후배들 그리고 부족한 필자의 글을 구슬을 꿰는 정성으로 엮어준 씽크스마트

식구들에게 감사의 마음을 전하고 싶다. 그리고 책이 나오기를 고대하며 애정 어린 기다림으로 격려와 용기를 준 아내 재현과 딸 가희, 아들 중혁에게 고맙다. 가족이 있어 가능한 일이었다. 마지막으로 이런 작업을 가능하도록 生前에 말없이 따뜻한 사랑으로 채워 준 부모님 영전에 이 글을 올린다.